中学英単語を
ひとつひとつわかりやすく。
［改訂版］

Gakken

先生から，みなさんへ

　これまで初級者から超上級者まで，いろいろな生徒さんに英語を教えてきました。その中でぼくが一貫して感じているのは，中学で習う基本単語の大切さです。さらに言うならば，中学の単語を「感覚的に使える」ことの大切さです。

　英会話が上手な人は，話したり聞いたりするときに，英語を日本語に置き換えようとはしません。日本語に頼ることなく，英語を直感的に理解しています。

　この本は，まさにその直感を育てるための本です。イラストとやさしい解説で，単語の核となる基本イメージを感覚的につかめるようになっています。また，英検の級の目安が表示されているので，自分のレベルに合わせて学習を進めていくことができます。

　この本で勉強する際，みなさんにぜひ実践していただきたいことがあります。それは，単語を実際に「自分の感覚でとらえてみる」ということです。たとえば形容詞 cold（冷たい）の場合，和訳やイラストで単語の意味とイメージをつかんだら，冷たい水を実際に触ったときに「あ，この感覚が cold だ」と確認してほしいのです。動詞 leave（去る，出発する）なら，たとえば朝，家を出たときに「あ，これが leave home だ」と結びつけてみてください。

　単語が自分の感覚とぴったりリンクしたときに，本当の意味での「わかった！」という瞬間がやってきます。それが，英語を感覚的・直感的に理解するということです。

　この本で勉強したみなさんと，いつの日か英語で自由に会話できることがぼくの夢です。がんばってくださいね。応援しています。

監修　山田 暢彦

もくじ

単語学習のアドバイス

★好きなところから気軽に，少しずつ進めよう。

　この単語集は，ジャンル別に全部で37のユニットに分かれています。（1つのユニットは5～9ページ程度です。）

　最初から順序よく学習していくように作られていますが，本の途中の，<u>自分の好きなユニットから勉強を始めてもかまいません</u>。

　難しく感じるユニットは，後回しにしても大丈夫です。あせらずに少しずつ進めましょう。

　まだ習っていなくても，興味を持ったページがあれば，<u>本を読むようなつもりで気軽に読み進めていくとよいでしょ</u>う。単語は，いつも机に向かって学習しなければならないわけではありません。

★書き込んで，自分の単語集を育てていこう。

　この単語集はいつも手元に置いて，どんどん自分でいろいろなことを書き込んでください。

　覚えた単語にチェックをつけたり，重要な単語に印をつけたりするだけでな<u>く，自分の教科書の例文や意味をどん</u>どん書き込みましょう。

Wednesday

　重要な単語（おもに動詞）には，「マイ例文」という欄を作ってあります。

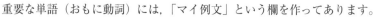

教科書などで見つけた例文や使い方をメモしておこう。　✎マイ例文　□

4

大切だと思った教科書などの例文を，この欄にメモしておきましょう。

書き込むことは，記憶の定着に非常に効果的です。例文やメモなどをどんどん書き込んで，自分用の究極の単語集に育ててください。

★英検対策としての使い方

この本は英検5・4・3・準2・2級対策用の単語集としても使えます。それぞれの項目に，出題されやすい級のおおまかな目安を表示していますので，自分が受験する級についてはしっかりと学習しましょう。

★各項目に級の目安を表示しています… 5級 4級 3級 準2級 2級

★必ず発音・アクセントといっしょに覚えよう

英単語は，意味とつづり（スペリング）を暗記するだけでは不十分で，効率もよくありません。単語を覚えるときには，必ず発音もいっしょに覚えましょう。単語は，発音できるようになって初めて身につきます。

通じる英語を話すためには，アクセントの位置が非常に大切です。アクセントの位置に▼のマークをつけているので，しっかり覚えてください。

★アプリで発音をチェックしよう

音声再生アプリ「my-oto-mo（マイオトモ）」を使って，単語と例文の音声を聞くことができます。右の2次元コードからダウンロードしてください。音声を聞いて，自分でも発音しながら学習しましょう。

スマホ用音声再生アプリはこちら

https://gakken-ep.jp/
extra/myotomo/

※アプリは無料ですが，通信料はお客様のご負担となります。お客様のネット環境やご利用の端末により，音声の再生やアプリの利用ができない場合，当社は責任を負いかねます。

本書の表記について

・動詞の変化形は，必要なもののみを掲載しています。過去形と過去分詞が同一で過去分詞を覚える必要がないものは，原則として過去形のみを紹介しています。（すべての不規則動詞の変化形は，巻末のミニ英和辞典で確認できます。）
・発音記号は，米音のうち1例のみを代表として掲載しています。
・本書では発音の目安をカタカナで表記しています。より英語らしい発音に近づけるように表記を工夫していますが，発音をカタカナで正確に表すことはできません。カタカナに頼らず，あくまでも目安としてとらえましょう。

★文の主語として使われる代名詞（主格の人称代名詞）

★「〜の」の意味を表す代名詞（所有格の人称代名詞）

★「〜を」「〜に」の意味を表す代名詞（目的格の人称代名詞）

★代名詞のまとめ

		～は	～の	～を, ～に	～のもの	～自身
単数	私	I	my	me	mine	myself
	あなた	you	your	you	yours	yourself
	彼	he	his	him	his	himself
	彼女	she	her	her	hers	herself
	それ	it	its	it	―	itself
複数	私たち	we	our	us	ours	ourselves
	あなたたち	you	your	you	yours	yourselves
	彼ら 彼女ら それら	they	their	them	theirs	themselves

★ be 動詞のまとめ

　be 動詞の原形は be です。現在形は am・is・are，過去形は was・were を主語によって使い分けます。過去分詞は been です。

		主 語	現在形	過去形
単数	1人称	I	am	was
	2人称	you	are	were
	3人称	he, she, it, Kenta など	is	was
複数	1人称	we	are	were
	2人称	you		
	3人称	they など		

　英語の単語は次の10種類に分けることができ，この区分けを**品詞**といいます。品詞は，その単語の文中での働きによって分けられています。

　1つの単語が複数の品詞をかねる場合もあります。たとえばJapaneseという単語は，「日本の」という意味の形容詞として使われることもあれば，「日本語」という意味の名詞として使われることもあります。

品詞	例	働き
名詞 名	cat (ねこ) water (水) music (音楽) Japan (日本) Tom (トム) など	ものや人の名前を表す語です。 数えられる名詞（可算名詞）と数えられない名詞（不可算名詞）があります。 Japan のような地名や，Tom のような人名は固有名詞といいます。
代名詞 代	he (彼は) she (彼女は) it (それは) this (これ) something (何か) など	名詞の代わりに使われる語です。 I, you, he, she, it, we, they の7つは人称代名詞と呼ばれ，he − his − him のように変化します。 this (これ) や that (あれ) は指示代名詞，mine (私のもの) や yours (あなたのもの) は所有代名詞と呼ばれます。

<ruby>動詞<rt>どうし</rt></ruby> 動	am, is, are go（行く） run（走る） like（好きである） have（持っている） など	「～する」「～である」のように動作や状態を表す語です。 be動詞と一般動詞に分けられます。英語の文の骨組みとなる大切な品詞です。 I <u>play</u> tennis.（私はテニスをします。）
<ruby>助動詞<rt>じょどうし</rt></ruby> 助	will（～だろう） can（～できる） may（～してもよい） should（～すべきだ） など	動詞といっしょに使われ，動詞にいろいろな意味をつけ加える語です。 おもに話し手の判断を表します。 I <u>can</u> play the piano. （私はピアノをひくことができます。）
<ruby>形容詞<rt>けいようし</rt></ruby> 形	good（よい） big（大きい） happy（幸せな） new（新しい） a new car 新しい all（すべての） beautiful（美しい） など a beautiful flower 美しい	人やものの様子や状態を表す語で，名詞を修飾します。 This is a <u>new</u> book. （これは新しい本です。） This book is <u>new</u>. （この本は新しい。）

副詞 副	now（今） here（ここに） well（上手に） always（いつも）など	名詞・代名詞以外の品詞を修飾する語です。おもに動詞や形容詞を修飾します。 He runs fast. （彼は速く走ります。）
前置詞 前	in（～の中に） to（～へ） with（～といっしょに） before（～の前に） など	名詞や代名詞の前に置く語です。 〈前置詞＋名詞〉の形で，時・場所・方向・手段などを表します。 on Sunday（日曜日に） to the station（駅へ）

in the box 箱の中に　　in winter 冬に　　on the table テーブルの上に　　at ten 10時に

接続詞 接	and（～と…，そして） but（しかし） when（～のとき）など	単語と単語や，単語のまとまりどうしをつなぐ語です。 Kenta and Daiki（健太と大樹）
冠詞 冠	a, an, the	名詞の前につきます。a は「1つの」の意味で，母音の前ではかわりに an を使います。the は「その」といった意味で，話し手と聞き手の間でどれをさすかわかっているものにつけます。
間投詞 間	oh, hi, wow など	驚きや喜びなどの感情や，呼びかけなどを表す語です。

小学校ですでに学習していることが多い単語をジャンル別にまとめたので，意味をチェックしておきましょう。

　太字の単語は本文でも改めて学習します。

■食べ物・飲み物 ……………………………

□ **bread**	パン
□ **cake**	ケーキ
□ chicken	とり肉
□ chocolate	チョコレート
□ **coffee**	コーヒー
□ curry and rice	カレーライス
□ **egg**	卵
□ **food**	食べ物
□ French fries	フライドポテト
□ **hamburger**	ハンバーガー
□ hot dog	ホットドッグ
□ ice cream	アイスクリーム
□ jam	ジャム
□ **juice**	ジュース
□ **milk**	牛乳
□ noodles	めん類
□ pie	パイ
□ **pizza**	ピザ
□ **rice**	米(ご飯)
□ salad	サラダ
□ **sandwich**	サンドイッチ
□ snack	軽食，おやつ
□ soup	スープ
□ spaghetti	スパゲッティ
□ steak	ステーキ
□ **tea**	紅茶，茶
□ **water**	水

■野菜・果物 ……………………………………

□ **apple**	りんご
□ banana	バナナ
□ cabbage	キャベツ
□ carrot	にんじん
□ **cherry**	さくらんぼ
□ corn	とうもろこし
□ cucumber	きゅうり
□ eggplant	なす
□ **fruit**	果物
□ **grape**	ぶどう
□ green pepper	ピーマン
□ lemon	レモン
□ melon	メロン
□ mushroom	きのこ
□ onion	たまねぎ
□ **orange**	オレンジ
□ peach	もも
□ pineapple	パイナップル
□ **potato**	じゃがいも
□ strawberry	いちご
□ **tomato**	トマト
□ **vegetable**	野菜
□ watermelon	すいか

■生き物 ……………………………………

□ **animal**	動物
□ ant	あり

11

□ bear	くま
□ **bird**	鳥
□ butterfly	ちょう
□ **cat**	ねこ
□ **cow**	牛
□ **dog**	犬
□ dolphin	いるか
□ elephant	象
□ **fish**	魚
□ frog	かえる
□ giraffe	きりん
□ gorilla	ゴリラ
□ **horse**	馬
□ koala	コアラ
□ lion	ライオン
□ monkey	さる
□ mouse	ねずみ
□ panda	パンダ
□ penguin	ペンギン
□ pig	ぶた
□ rabbit	うさぎ
□ sheep	羊
□ snake	へび
□ spider	くも
□ tiger	とら
□ whale	くじら

■スポーツ・遊び ……………………………………

□ **badminton**	バドミントン
□ **baseball**	野球
□ **basketball**	バスケットボール
□ **fishing**	魚つり
□ **game**	試合，ゲーム
□ hiking	ハイキング
□ rugby	ラグビー

□ **shopping**	買い物
□ **soccer**	サッカー
□ **sport**	スポーツ
□ surfing	サーフィン
□ swimming	水泳
□ **tennis**	テニス
□ unicycle	一輪車
□ **volleyball**	バレーボール

■色 ……………………………………

□ **black**	黒(い)
□ **blue**	青(い)
□ **brown**	茶色(の)
□ **color**	色
□ **green**	緑色(の)
□ pink	ピンク色(の)
□ purple	むらさき色(の)
□ **red**	赤(い)
□ **white**	白(い)
□ **yellow**	黄色(い)

■文房具 ……………………………………

□ **eraser**	消しゴム
□ ink	インク
□ **marker**	マーカー
□ **notebook**	ノート
□ **pen**	ペン
□ **pencil**	えんぴつ
□ ruler	じょうぎ
□ stapler	ホッチキス

■楽器 ……………………………………

□ **guitar**	ギター
□ **piano**	ピアノ
□ recorder	リコーダー

■身に付けるもの
- □ cap　　　ぼうし
- □ gloves　　手袋
- □ hat　　　ぼうし
- □ pants　　ズボン
- □ socks　　くつ下
- □ **T-shirt**　Tシャツ

■身の回りのもの
- □ bag　　　かばん，袋
- □ ball　　　ボール
- □ book　　本
- □ box　　　箱
- □ brush　　ブラシ，筆
- □ card　　　カード
- □ clock　　（置き）時計
- □ computer　コンピューター
- □ cup　　　カップ，茶わん
- □ dish　　　皿，料理
- □ newspaper　新聞
- □ picture　　写真，絵
- □ racket　　ラケット
- □ umbrella　かさ

■家・家具
- □ bath　　ふろ
- □ bed　　ベッド
- □ chair　いす
- □ desk　机
- □ entrance　入り口
- □ room　部屋
- □ TV　　テレビ

■学校
- □ class　　　授業，クラス
- □ classroom　教室
- □ club　　　クラブ，部
- □ gym　　　体育館
- □ homework　宿題
- □ school　　学校

■教科
- □ calligraphy　書道
- □ English　　英語
- □ Japanese　日本語（国語）
- □ math　　　数学
- □ music　　音楽
- □ P.E.　　　体育
- □ science　　理科
- □ social studies　社会科
- □ subject　　教科

■月
- □ January　　1月
- □ February　　2月
- □ March　　　3月
- □ April　　　4月
- □ May　　　5月
- □ June　　　6月
- □ July　　　7月
- □ August　　8月
- □ September　9月
- □ October　　10月
- □ November　11月
- □ December　12月

13

■数

□ zero	0
□ one	1
□ two	2
□ three	3
□ four	4
□ five	5
□ six	6
□ seven	7
□ eight	8
□ nine	9
□ ten	10
□ eleven	11
□ twelve	12
□ thirteen	13
□ fourteen	14
□ fifteen	15
□ sixteen	16
□ seventeen	17
□ eighteen	18
□ nineteen	19
□ twenty	20
□ thirty	30
□ forty	40
□ fifty	50
□ sixty	60
□ seventy	70
□ eighty	80
□ ninety	90
□ hundred	100

■曜日

□ day	日，曜日
□ Sunday	日曜日
□ Monday	月曜日
□ Tuesday	火曜日
□ Wednesday	水曜日
□ Thursday	木曜日
□ Friday	金曜日
□ Saturday	土曜日

■時間・食事など

□ afternoon	午後
□ breakfast	朝食
□ dinner	夕食
□ lunch	昼食
□ morning	朝，午前
□ night	夜
□ time	時間，回

■季節・行事

□ birthday	誕生日
□ entrance ceremony	入学式
□ fall	秋
□ festival	祭り
□ field trip	遠足
□ fireworks	花火
□ graduation ceremony	卒業式
□ New Year's Day	元日
□ school festival	学園祭
□ school trip	修学旅行
□ spring	春
□ summer	夏
□ vacation	休暇
□ winter	冬

■家族・人

□ boy	男の子
□ brother	兄，弟
□ family	家族

☐ **father**	父	☐ **head**	頭
☐ **friend**	友達	☐ **knee**	ひざ
☐ **girl**	女の子	☐ **leg**	足（足首から上の部分）
☐ **grandfather**	祖父	☐ **mouth**	口
☐ **grandmother**	祖母	☐ **nose**	鼻
☐ hero	ヒーロー，英雄	☐ **shoulder**	肩
☐ **mother**	母	☐ toe	つま先
☐ **Mr.**	～さん，～先生（男性の敬称）		
☐ **Ms.**	～さん，～先生（女性の敬称）		
☐ **sister**	姉，妹		

■自然

☐ **beach**	浜辺
☐ **flower**	花
☐ **lake**	湖
☐ **mountain**	山
☐ **nature**	自然
☐ **rainbow**	虹
☐ **river**	川
☐ **sea**	海
☐ **star**	星
☐ **sun**	太陽
☐ **tree**	木

■職業

☐ **artist**	芸術家
☐ **astronaut**	宇宙飛行士
☐ comedian	コメディアン，お笑い芸人
☐ **dentist**	歯科医師
☐ **doctor**	医師
☐ **farmer**	農場経営者，農家の人
☐ firefighter	消防士
☐ florist	花屋さん
☐ king	王
☐ **nurse**	看護師
☐ pilot	パイロット
☐ **player**	選手，プレーヤー
☐ **police officer**	警察官
☐ queen	女王
☐ **singer**	歌手
☐ **teacher**	教師
☐ **vet**	獣医師

■建物・施設

☐ amusement park	遊園地
☐ aquarium	水族館
☐ **bookstore**	書店
☐ **bus stop**	バス停
☐ **convenience store**	コンビニ
☐ department store	デパート
☐ fire station	消防署
☐ **gas station**	ガソリンスタンド
☐ **hospital**	病院
☐ **house**	家
☐ **library**	図書館
☐ **park**	公園
☐ police station	警察署

■体

☐ **ear**	耳
☐ **eye**	目
☐ **face**	顔
☐ **hand**	手

□ post office	郵便局
□ restaurant	レストラン
□ shrine	神社
□ station	駅
□ supermarket	スーパーマーケット
□ temple	寺
□ town	町
□ zoo	動物園

■乗り物・道案内 ·······················

□ bus	バス
□ car	車
□ jet	ジェット機
□ left	左(に)
□ right	右(に)
□ map	地図
□ straight	まっすぐに
□ street	通り
□ taxi	タクシー
□ turn	(左右に)曲がる

■国 ···································

□ Australia	オーストラリア
□ Brazil	ブラジル
□ Canada	カナダ
□ China	中国
□ country	国
□ Egypt	エジプト
□ France	フランス
□ India	インド
□ Italy	イタリア
□ Japan	日本
□ Korea	韓国，朝鮮
□ Spain	スペイン

■その他の名詞 ·······················

□ dream	夢
□ fun	おもしろいこと
□ future	未来
□ job	仕事
□ life	生活，生命
□ memory	記憶，思い出
□ name	名前
□ place	場所
□ team	チーム
□ world	世界

■天気・寒暖 ·······················

□ cloudy	くもった
□ cold	寒い，冷たい
□ cool	すずしい
□ hot	暑い，熱い
□ rainy	雨の
□ snowy	雪の降る
□ sunny	明るく日のさす
□ weather	天気

■気分・状態 ·······················

□ busy	忙しい
□ fine	けっこうな，元気な
□ good	よい，元気な
□ great	すばらしい
□ happy	幸せな，うれしい
□ hungry	空腹の
□ sad	悲しい
□ sleepy	眠い
□ sorry	すまなく思って
□ tired	疲れた

■味

- ☐ delicious — とてもおいしい
- ☐ salty — 塩からい，しょっぱい
- ☐ sour — すっぱい
- ☐ sweet — あまい

■その他の形容詞

- ☐ beautiful — 美しい
- ☐ best — もっともよい
- ☐ big — 大きい
- ☐ brave — 勇敢な
- ☐ cute — かわいい
- ☐ exciting — わくわくさせる
- ☐ famous — 有名な
- ☐ favorite — いちばん好きな
- ☐ first — 1番目の
- ☐ funny — おかしい
- ☐ high — 高い
- ☐ interesting — おもしろい
- ☐ kind — 親切な
- ☐ long — 長い
- ☐ many — たくさんの(多数の)
- ☐ much — たくさんの(多量の)
- ☐ new — 新しい
- ☐ nice — すてきな，親切な
- ☐ old — 古い，年とった
- ☐ popular — 人気のある
- ☐ short — 短い
- ☐ small — 小さい
- ☐ strong — 強い
- ☐ wonderful — すばらしい

■副詞

- ☐ again — 再び
- ☐ always — いつも

■副詞（続き）

- ☐ down — 下へ
- ☐ fast — (スピードが)速く
- ☐ hard — 一生けんめいに
- ☐ here — ここに
- ☐ home — 家に
- ☐ never — 決して～ない
- ☐ not — ～ない
- ☐ out — 外に
- ☐ really — 本当に
- ☐ sometimes — ときどき
- ☐ too — ～もまた，～すぎる
- ☐ up — 上へ
- ☐ usually — ふつうは
- ☐ very — とても
- ☐ well — 上手に

■動詞

- ☐ buy — 買う
- ☐ clean — そうじする
- ☐ cook — 料理する
- ☐ dance — おどる
- ☐ do — する
- ☐ draw — (ペンで絵や図を)描く
- ☐ drink — 飲む
- ☐ eat — 食べる
- ☐ enjoy — 楽しむ
- ☐ get — 手に入れる，～になる
- ☐ go — 行く
- ☐ have — 持っている，食べる
- ☐ help — 手伝う，助ける
- ☐ join — 加わる，参加する
- ☐ jump — 跳ぶ(ジャンプする)
- ☐ know — 知っている
- ☐ like — 好きだ
- ☐ live — 住んでいる，生きる

□ look	見る，〜に見える	□ on	〜の上に，(日付,曜日)に
□ make	作る	□ to	〜へ，〜まで
□ meet	会う	□ under	〜の下に
□ play	(スポーツを)する		
□ practice	練習する	■接続詞	
□ put	置く	□ and	そして，〜と…
□ read	読む		
□ ride	乗る	■疑問詞	
□ run	走る	□ how	どう，どうやって
□ see	見える，(人に)会う	□ what	何(の)
□ sing	歌う	□ when	いつ
□ sit	すわる	□ where	どこに
□ speak	話す	□ who	だれ
□ stand	立つ	□ why	なぜ
□ stop	止まる，止める		
□ study	勉強する	■会話・あいさつ	
□ swim	泳ぐ	□ goodbye	さようなら
□ take	取る，持っていく	□ hello	やあ，もしもし
□ try	やってみる	□ hi	やあ
□ visit	訪問する	□ let	(Let's 〜 .で) 〜しよう。
□ walk	歩く	□ no	いいえ
□ want	ほしい	□ oh	あら，まあ
□ wash	洗う	□ OK	よろしい
□ watch	じっと見る	□ please	どうぞ
		□ thank	(Thank you.で)ありがとう。
■助動詞		□ welcome	ようこそ
□ can	〜できる	□ yes	はい

■前置詞

□ about	〜について
□ at	〜のところで，〜時に
□ by	〜によって，〜のそばに
□ for	〜のために，〜の間
□ from	〜から
□ in	〜の中に，(年,季節,月)に

01 基本動詞①

have 5級
[hæv] ヘァヴ

□ 動 持っている

「〜を持っている」と言うときは進行形にする必要はない。I'm having 〜. ではなく I have 〜. でOK。

I have a lot of books.

（私はたくさんの本を持っています。）

□ 物だけでなく，きょうだいが**いる**，ペットを**飼っている**などの意味でも使います。

I have a brother.（私には兄[または弟]がいます。）

I have a dog.（私は犬を飼っています。）

□ 3単現は <u>has</u>。× haves という形はありません。

He has a car.（彼は車を持っています。）

□ 朝食・昼食などを**食べる**という意味もあります。

I have breakfast at six.

（私は6時に朝食を食べます。）

 □

意味：

4級 □ 過去形は **had**（発音は [hæd] ヘァドゥ）

don't have to 〜は「〜しなくてよい」「〜する必要はない」という意味。

□ have to 〜で**〜しなければならない**という意味。

I have to go now.（もう行かなくちゃ。）

マイ例文 □

意味：

3級 □ 助 have ＋過去分詞で現在完了形をつくります。

We have lived here since 2020.

（私たちは2020年からここに住んでいます。）

like 5級

[laik] ライク

「〜が好きです」と言うとき,好きなものが数えられる名詞のときは複数形にします。

□ 動 **好きだ**

I like cats.

(私はねこが好きです。)

マイ例文 □

意味:

4級 □ like 〜ing または like to 〜で**〜するのが好き**という意味になります。

I like singing. / I like to sing.

(私は歌うことが好きです。)

「〜のような」の like は前置詞で,動詞の like(好きだ)とは意味も使い方もまったくちがう。

□ 前 **(まるで)〜のような**という意味もあります。

He is like a baby.

(彼は赤ちゃんのような人です。)

3級 □ would like 〜で**〜がほしい**という意味(want のていねいな言い方)になります。I would like の短縮形は**I'd like** です。(→ p.231 would)

I'd like some water. (水がほしいのですが。)

play 5級

[plei] プレイ

□ 動 (スポーツやゲームを)**する,遊ぶ**

play baseball (野球をする)

play games (ゲームをする)

□ 動 (楽器を)**演奏する**

play the guitar (ギターをひく)

マイ例文 □

意味:

go 5級

[gou] ゴゥ

□ 動 行く

　go to school (学校に行く)

□ 「〜に行く」は go to 〜 の形になります。ただし，there・here・home には to はつけません。

　go to the station (駅に行く)

　○ go home (家に帰る)　× go to home

　○ go there (そこに行く)　× go to there

□ 3単現は× gos ではなく goes です。

4級 □ 過去形は went (発音は [went] ウェンッ)

□ be going to 〜で〜するつもりだという意味。

I'm going to play tennis tomorrow.

(私は明日，テニスをするつもりです。)

3級 □ 過去分詞は gone (発音は [gɔːn] ゴーン)

come 5級

[kʌm] カム

□ 動 来る

　come here (ここに来る)

□ 自分が相手のところに「行く」と言うときは，go ではなくcome を使います。

Breakfast is ready. — I'm coming.

(朝ごはんの準備ができたよ。— 今，行きます。)

4級 □ 過去形は came (発音は [keim] ケイム)

3級 □ 過去分詞は come (原形と同じ)

walk `5級`

[wɔːk] ウォーク

walk の l は発音しません。

☐ 動 **歩く**

☐ walk to ～で**～に歩いていく**という意味になります。

I usually walk to school.

(私はふつう学校に歩いていきます。)

☐ 名 **散歩, 歩くこと**

take a walk (散歩する)

 ☐

意味：

---

run `5級`

[rʌn] ラン

☐ 動 **走る**

☐ ing 形は最後の n を重ねて <u>running</u> になります。

He is running with his dog.

(彼は犬と走っています。)

`4級` ☐ 過去形は <u>ran</u> (発音は [ræn] レァン)

`3級` ☐ 過去分詞は <u>run</u> (原形と同じ形)

---

stand `5級`

[stænd] ステァンド

☐ 動 **立つ**

He's standing by the door.

(彼はドアのそばに立っています。)

☐ stand up で**立ち上がる**という意味を表します。

`4級` ☐ 過去形は <u>stood</u> (発音は [stud] ストゥッ)

---

sit の最初の[スィ]は日本語の「シ」とは大きく異なる音。正確に発音しないと通じないので注意。

sit 5級

[sit] スィット

□ 動 すわる

sit on the ground (地面にすわる)

□ sit down で腰を下ろすという意味を表します。

□ ing 形は最後の t を重ねて <u>sitting</u> となります。

Jim is sitting over there.

(ジムはむこうにすわっています。)

4級 □ 過去形は sat（発音は [sæt] セァト）

We sat under the tree.

(私たちは木の下にすわりました。)

study 5級

[stʌ́di] スタディ

□ 動 勉強する

study English (英語を勉強する)

□ 3単現は最後の y を ie にかえて <u>studies</u> です。

4級 □ 過去形は y を i にかえて <u>studied</u> です。

マイ例文 □

意味：

work 5級

[wəːrk] ワ～ク

□ 動 働く

work hard (一生けんめい働く)

□ 名 仕事

go to work (仕事〈職場〉に行く)

start work (作業を始める)

マイ例文 □

意味：

23

read 5級

[ri:d] リード

□ 動 **読む**

read a book (本を読む)

✎ マイ例文 □

意味：

4級 □ 過去形は <u>read</u> (発音は [red] レッド)

She read this book.

(彼女はこの本を読みました。)

3級 □ 過去分詞は <u>read</u> (発音は [red] レッド)

原形 read — 過去形 read — 過去分詞 read. つづりがすべて同じで、発音だけが変わる特殊な動詞④

This book is read all over the world.

(この本は世界中で読まれています。)

---

write 5級

[rait] ライト

write は「〜に手紙を書く」という意味でも使われます。Write (to) me soon.(私にすぐ手紙をください。)

□ 動 **書く**

write an e-mail

(メールを書く)

Please write your name here.

(ここに名前を書いてください。)

✎ マイ例文 □

意味：

4級 □ 過去形は <u>wrote</u> (発音は [rout] ロウト)

3級 □ 過去分詞は <u>written</u> (発音は [rítn] リトゥン)

a letter written by her

(彼女によって書かれた手紙)

---

speak 5級

[spi:k] =ピーク

speak ＋言語名で「〜語を話す」という意味。

□ 動 話す

speak English (英語を話す)

□ マイ例文 □

意味：

4級 □ speak to 〜, speak with 〜で**〜に話しかける**, **〜と話す**という意味。

Can I speak to David?

(〈電話で〉デイビッドと話してもいいですか。)

□ 過去形は **spoke** (発音は [spouk] =ポウク)

A woman spoke to me.

(女性が私に話しかけてきました。)

3級 □ 過去分詞は **spoken** (発音は [spóukən] =ポウクン)。受け身の文でよく使われます。

English is spoken in many countries.

(英語はたくさんの国で話されています。)

live 5級

[liv] リヴ

「住んでいる」はふつう進行形にしない。I'm living in 〜。だと「今だけ一時的に住んでいる」の意味になる。

□ 動 **住んでいる**

I live in Tokyo.

(私は東京に住んでいます。)

□ **生きる**, **生活する**という意味もあります。

We can't live without water.

(私たちは水なしでは生きられません。)

□ マイ例文

意味：

確認テスト

解答・解説のページはありません。
それぞれの単語を学習したページにもどって、答えを確認しましょう。

それぞれの単語を学習したページにもどって、答えを確認しましょう。

5級

□ 持っている ＿＿＿＿＿＿　　□ 好きだ ＿＿＿＿＿＿

□ 来る ＿＿＿＿＿＿　　□ 立つ ＿＿＿＿＿＿

□ すわる ＿＿＿＿＿＿　　□ 働く ＿＿＿＿＿＿

□ ギターをひく ＿＿＿＿＿＿ the guitar

□ 私はふつう学校に歩いていきます。

　I usually ＿＿＿＿＿＿ to school.

□ 彼は犬と走っています。　He is ＿＿＿＿＿＿ with his dog.

□ 英語を勉強する ＿＿＿＿＿＿ English

4級

□ go の過去形 ＿＿＿＿＿＿　　□ speak の過去形 ＿＿＿＿＿＿

□ もう行かなくちゃ。　I ＿＿＿＿＿＿ ＿＿＿＿＿＿ go now.

□ 彼は赤ちゃんのような人です。　He is ＿＿＿＿＿＿ a baby.

□ 私は明日、テニスをするつもりです。

　I'm ＿＿＿＿＿＿ ＿＿＿＿＿＿ play tennis tomorrow.

□ 彼女はこの本を読みました。　She ＿＿＿＿＿＿ this book.

3級

□ 私たちは 2020 年からここに住んでいます。

　We ＿＿＿＿＿＿ ＿＿＿＿＿＿ here since 2020.

□ 水がほしいのですが。　I'd ＿＿＿＿＿＿ some water.

□ 彼女によって書かれた手紙　a letter ＿＿＿＿＿＿ by her

□ 英語はたくさんの国で話されています。

　English ＿＿＿＿＿＿ ＿＿＿＿＿＿ in many countries.

sport 5級
[spɔːrt] スポート

□ 名 スポーツ

my favorite sport

(私のいちばん好きなスポーツ)

---

baseball 5級
[béisbɔːl] ベイスボーゥ

□ 名 野球

play baseball (野球をする)

---

tennis 5級
[ténis] テニス

□ 名 テニス

play tennis (テニスをする)

---

soccer 5級
[sákər] サーカァ

□ 名 サッカー

a soccer team (サッカーチーム)

basketball という1つの単語。
×basket ball のように2語に分け
て書かないように注意。

---

basketball 5級
[bǽskitbɔːl] ベァスキッボーゥ

□ 名 バスケットボール

play basketball (バスケットボールをする)

---

volleyball 5級
[válibɔːl] ヴァーリボーゥ

□ 名 バレーボール

---

table tennis 3級
[téibl tènis] テイボゥテニス

□ 名 卓球

「〜チームに所属している」は
be on the 〜 team と言う。

---

team 5級
[tiːm] ティーム

□ 名 チーム

I'm on the baseball team.

(私は野球部に入っています。)

---

member ▼ 4級
[mémbər] メンバァ

□ 名 メンバー, 一員
I'm a member of the soccer team.
(私はサッカー部のメンバーです。)

player ▼ 5級
[pléiər] プレイアァ

□ 名 選手, プレーヤー
a tennis player (テニス選手)
□ player は「play する人・もの」という意味なので,
プロの選手だけをさすわけではありません。「彼女は
テニスをするのが上手です。」という意味で, She
is a good tennis player. と言うことも多いです。

fan ▼ 3級
[fæn] フェアン

□ 名 ファン
I'm a soccer fan. (私はサッカーファンです。)

game ▼ 5級
[geim] ゲイム

□ 名 試合, ゲーム
a soccer game (サッカーの試合)

video ▼ 4級
[vídiou] ヴィディオウ

□ 名 ビデオ, 動画
□ video game でテレビゲームという意味。
play video games (テレビゲームをする)

movie ▼ 5級
[múːvi] ムーヴィ

□ 名 映画
go to a movie (映画を見に行く)

piano ▼ 5級
[piǽnou] ピエアノウ

□ 名 ピアノ
play the piano
(ピアノをひく)

「ピアノをひく」と言うときは piano
に the をつけることが多い。

guitar はつづりと発音に注意。アクセントは後ろにある。

guitar 5級
[gitá:r] ギターァ

□ 名 ギター
play the guitar (ギターをひく)

violin 5級
[vaiəlín] ヴァイアリン

□ 名 バイオリン

instrument 4級
[ínstrumənt] インストルメント

□ 名 器具, 楽器
Do you play an instrument?
(あなたは楽器を演奏しますか。)

breakfast 5級
[brékfəst] ブレックファスト

□ 名 朝食
have breakfast (朝食を食べる)

lunch 5級
[lʌntʃ] ランチ

□ 名 昼食
after lunch (昼食後に)

dinner 5級
[dínər] ディナァ

□ 名 夕食
before dinner (夕食前に)

food 5級
[fu:d] フード

□ 名 食べ物
Chinese food (中国料理)

water 5級
[wɔ́:tər] ウォータァ

□ 名 水
a glass of water (コップ1杯の水)

rice 5級
[rais] ライス

□ 名 米(ご飯), 稲
I have rice and miso soup for breakfast.
(私は朝食にご飯とみそ汁を食べます。)

02

スポーツ・趣味・食べ物

29

bread `5級`
[bred] ブレッド

□ 名 <u>パン</u>

---

toast `5級`
[toust] トウスト

□ 名 <u>トースト</u>

---

sandwich `5級`
[sǽndwitʃ] セァンドウィチ

□ 名 <u>サンドイッチ</u>
□ 複数形は es をつけて <u>sandwiches</u>。

> sandwich と hamburger は, どちらも最初にアクセントがあることに注意。

hamburger `5級`
[hǽmbəːrgər] ヘァンバガァ

□ 名 <u>ハンバーガー</u>

---

pizza `5級`
[píːtsə] ピーッツァ

□ 名 <u>ピザ</u>

---

tea `5級`
[tiː] ティー

□ 名 <u>紅茶, 茶</u>
a cup of tea (カップ1杯のお茶)

---

coffee `5級`
[kɔ́ːfi] コーフィ

□ 名 <u>コーヒー</u>

---

milk `5級`
[milk] ミック

□ 名 <u>牛乳</u>
a glass of milk (コップ1杯の牛乳)

---

juice `5級`
[dʒuːs] ヂュース

□ 名 <u>ジュース</u>
orange juice
(オレンジジュース)

> 英語の juice は果汁100%のものだけをさします。

fruit 5級
[fru:t] フルート

□ 名 果物

---

vegetable 4級
[védʒtəbl] ヴェヂタボゥ

□ 名 野菜

Eat more vegetables.

(野菜をもっと食べなさい。)

---

potato 5級
[pətéitou] ポテイトゥ

□ 名 じゃがいも

□ 複数形は es をつけて <u>potatoes</u>。

> potato, tomato はまん中の a にアクセントがある。a は [ア] ではなく [エイ] と発音することに注意。

---

tomato 5級
[təméitou] トメイトゥ

□ 名 トマト

□ 複数形は es をつけて <u>tomatoes</u>。

---

apple 5級
[ǽpl] エァポゥ

□ 名 りんご

---

orange 5級
[ɔ́:rindʒ] オーリンヂ

□ 名 オレンジ

---

egg 5級
[eg] エッグ

□ 名 卵

> apple, orange, egg は母音で始まるので、× a apple ではなく an apple のように an を使うことに注意。

---

salad 5級
[sǽləd] セァラド

□ 名 サラダ

---

cake 5級
[keik] ケイク

□ 名 ケーキ

確認テスト

解答・解説のページはありません。
それぞれの単語を学習したページにもどって，答えを確認しましょう。

5級

☐ スポーツ ＿＿＿＿＿＿＿ ☐ サッカー ＿＿＿＿＿＿＿

☐ バレーボール ＿＿＿＿＿＿＿ ☐ チーム ＿＿＿＿＿＿＿

☐ 試合，ゲーム ＿＿＿＿＿＿＿ ☐ ギター ＿＿＿＿＿＿＿

☐ 昼食 ＿＿＿＿＿＿＿ ☐ 食べ物 ＿＿＿＿＿＿＿

☐ パン ＿＿＿＿＿＿＿ ☐ ハンバーガー ＿＿＿＿＿＿＿

☐ 紅茶，茶 ＿＿＿＿＿＿＿ ☐ コーヒー ＿＿＿＿＿＿＿

☐ 牛乳 ＿＿＿＿＿＿＿ ☐ 果物 ＿＿＿＿＿＿＿

☐ じゃがいも ＿＿＿＿＿＿＿ ☐ トマト ＿＿＿＿＿＿＿

☐ りんご ＿＿＿＿＿＿＿ ☐ 卵 ＿＿＿＿＿＿＿

☐ サラダ ＿＿＿＿＿＿＿ ☐ ケーキ ＿＿＿＿＿＿＿

☐ バスケットボールをする　play ＿＿＿＿＿＿＿

☐ 私は野球部に入っています。

　I'm on the ＿＿＿＿＿＿＿ ＿＿＿＿＿＿＿.

☐ テニス選手 a ＿＿＿＿＿＿＿ ＿＿＿＿＿＿＿

☐ 映画を見に行く go to a ＿＿＿＿＿＿＿

☐ ピアノをひく play the ＿＿＿＿＿＿＿

☐ 私は朝食にご飯とみそ汁を食べます。

　I have ＿＿＿＿＿＿＿ and miso soup for ＿＿＿＿＿＿＿.

☐ 夕食前に before ＿＿＿＿＿＿＿

☐ コップ1杯の水 a glass of ＿＿＿＿＿＿＿

☐ オレンジジュース ＿＿＿＿＿＿＿ ＿＿＿＿＿＿＿

4級

☐ 野菜をもっと食べなさい。　Eat more ＿＿＿＿＿＿＿.

look 5級

[luk] ルック

look は「見ようとして目を向ける」という意味。see や watch とのちがいをおさえよう。

- □ **動 見る**
- □ look at ～で**～を見る**（目を向ける）の意味。「～を見る」と言うときは at が必要です。

  ○ **look at the picture** (写真を見る)

  × look the picture (at が必要)

- □ look for ～で**～をさがす**という意味。

  What are you looking for?

  (あなたは何をさがしているのですか。)

・・

- 4級 □ look ＋形容詞で**～に見える**という意味。

  You look sleepy. (きみは眠そうだね。)

- □ look like ＋名詞で**～のように見える**という意味。

look like の like は「好きだ」の意味ではなく、「(まるで)～のように」という意味の前置詞。

  She looks like her mother.

  (彼女は母親に似ています。)

マイ例文

□

意味：

- -

listen 5級

[lísn] リスン

listen は「聞こうとして耳をかたむける」という意味。look とペアで覚えよう。

- □ **動 聞く**
- □ listen to ～で**～を聞く**（耳をかたむける）の意味。「～を聞く」と言うときは to が必要です。

  ○ **listen to music** (音楽を聞く)

  × listen music (to が必要)

マイ例文

□

意味：

see 5級

[siː] スィー

□ **動 見える**（目に入る）

Can you see that?

（あれが見えますか。）

□ 「見えている」という状態を表す動詞なので進行形にしません。×I'm seeing 〜. はまちがいです。

□ I see. で**わかりました**という意味。相手の言ったことにあいづちを打つときによく使います。

4級 □ 過去形は **saw**（発音は [sɔː] ソー）

□ **(人に)会う，見かける**という意味もあります。

I saw him at the library.

（私は図書館で彼に会いました。）

3級 □ 過去分詞は **seen**（発音は [siːn] スィーン）

I've never seen this movie.

（私はこの映画を一度も見たことがありません。）

hear 5級

[hiər] ヒアァ

□ **動 聞こえる**（耳に入る）

Can you hear me?（聞こえますか。）

4級 □ 過去形は **heard**（発音は [həːrd] ハ〜ド）

I heard his voice.（彼の声が聞こえました。）

3級 □ 過去分詞は **heard**（発音は [həːrd] ハ〜ド）

Have you ever heard this song?

（今までにこの歌を聞いたことがありますか。）

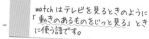

watch はテレビを見るときのように「動きのあるものをじっと見る」ときに使う語です。

watch 5級

[wɑtʃ] ワーチ

□ 動 (動きのあるものを) じっと見る

watch TV (テレビを見る)

□ 3単現は es をつけて <u>watches</u> になります。

□ watch out で<u>気をつける</u>という意味。

□ 名 <u>腕時計</u>

wear a watch (腕時計をする)

 マイ例文 □

意味:

03

基本動詞②

know 5級

[noʊ] ノウ

□ 動 <u>知っている</u>

I don't know. (知りません。)

□ 「知っている」という状態を表す動詞なので進行形にしません。「私は彼を知っています。」は×I'm knowing him. ではなく，I know him. です。

 マイ例文 □

意味:

4級 □ 過去形は <u>knew</u> (発音は [njuː] ニュー)

□ I know that ～. で<u>私は～ということを知っています</u>という意味。この that はよく省略されます。

know の k は発音しません。過去形の knew は new (新しい) とまったく同じ発音。

I know (that) you're busy.
　　　　└省略可
(あなたが忙しいということは知っています。)

3級 □ 過去分詞は <u>known</u> (発音は [noʊn] ノウン)

I have known her for five years.

(私は彼女と知り合って 5 年になります。)

want 5級

[wɒnt] ワーント

□ 動 **ほしい**

I want a new camera.

(私は新しいカメラがほしいです。)

□ 「ほしがっている」という状態を表す動詞なので進行
形にしません。「彼女は〜をほしがっています。」は
×She is wanting 〜.ではなく, She wants 〜.
で表します。

・・

4級 □ want to 〜で**〜したい**という意味。to のあとには
動詞の原形がきます。

I want to visit Okinawa.

(私は沖縄を訪れたいです。)

□ want to be 〜で**〜になりたい**という意味。

She wants to be a teacher.

(彼女は教師になりたいと思っています。)

・・

3級 □ want A to 〜で**Aに〜してもらいたい**という意味。

I want him to come to the party.

(私は彼にパーティーに来てほしいです。)

love 5級

[lʌv] ラヴ

「大好きである」「愛している」と
いう状態を表す動詞なので進行
形にしません。

□ 動 **大好きである**

I love summer. (私は夏が大好きです。)

□ 名 **愛**

・・

3級 □ I'd love to 〜. で**ぜひ〜したい**という意味になり
ます。(→ p.231 would)

help 5級

[help] ヘ_ップ

□ 動 **手伝う，助ける**

help my mother (お母さんを手伝う)

help sick people (病気の人々を助ける)

□ 名 **助け**

I need your help.

(あなたの助けが必要です。)

4級 □ help 人 with ～で**(人)の～を手伝う**という意味。
help のすぐあとにくるのはいつも「人」なので，
× help my homework とは言いません。

Can you help me with my homework?

(私の宿題を手伝ってくれますか。)

準2級 □ help 人＋動詞の原形で**(人)が～するのを手伝う**
という意味。

He helped me find my keys.

(彼は私がかぎを見つけるのを手伝ってくれました。)

use 5級

[juːz] ユーズ

□ 動 **使う**

use a computer (コンピューターを使う)

3級 □ 名 **使用，使うこと** (名詞の発音は [juːs] ユース)

準2級 □ 動 used to ～ (発音は [juːstə] ユースタ) で，(今はちが
うが) **以前は～した，以前は～だった**という意
味を表します。

We used to play in this park.

(私たちは以前はこの公園で遊びました。)

meet 5級

[mi:t] ミート

□ 動 **会う**

meet him at the station (駅で彼に会う)

マイ例文 □

意味:

4級 □ 過去形は **met** (発音は [met] メット)

---

talk 5級

[tɔ:k] トーク

□ 動 **話す，会話する**

Let's talk in English.

(英語で話しましょう。)

□ talk about ~で**~について話す**という意味。

talk about soccer (サッカーについて話す)

□ talk with ~で**~と話す**，talk to ~で**~に話しかける**という意味。

talk with Kumi (久美と話す)

Don't talk to me. (私に話しかけないで。)

マイ例文 □

意味:

---

practice 5級

[præktis] プラクティス

□ 動 **練習する**

practice baseball every day

(毎日野球の練習をする)

□ 名 **練習**

baseball practice (野球の練習)

マイ例文 □

意味:

38

enjoy 5級

[indʒɔ́i] インヂョーイ

「〜するのを楽しむ」は enjoy 〜ing の形。×enjoy to 〜とは言いません。

□ **動 楽しむ**

enjoy the party (パーティーを楽しむ)

4級 □ enjoy 〜ing で**〜するのを楽しむ**という意味。

I enjoyed watching TV.

(私はテレビを見て楽しかった。)

 マイ例文 □

意味：

---

start 5級

[stɑːrt] スタート

□ **動 始める，始まる**

Let's start the game.

(ゲームを始めましょう。)

4級 □ start to 〜 または start 〜ing で**〜し始める**という意味。

start to work (働き始める)

I started learning English two years ago.

(私は2年前に英語を習い始めました。)

---

visit 5級

[vízit] ヴィズィット

visit はすぐあとに「場所」や「人」がくる。go to kyoto と言うが、×visit to kyoto の to は不要。

□ **動 訪問する**

visit Kyoto (京都を訪れる)

visit my grandfather (祖父を訪ねる)

4級 □ **名 訪問**

What's the purpose of your visit?

(〈入国審査で〉訪問の目的は何ですか。)

確認テスト

5級

- □ 知っている _____
- □ ほしい _____
- □ 大好きである _____
- □ 手伝う _____
- □ 使う _____
- □ 会う _____
- □ 練習する _____
- □ 訪問する _____
- □ 写真を見る _____ at the picture
- □ 音楽を聞く _____ to music
- □ わかりました。　I _____.
- □ あれが見えますか。　Can you _____ that?
- □ 聞こえますか。　Can you _____ me?
- □ サッカーについて話す _____ about soccer

4級

- □ see の過去形 _____
- □ know の過去形 _____
- □ きみは眠そうだね。　You _____ sleepy.
- □ 私は沖縄を訪れたい。　I _____ to visit Okinawa.
- □ 私はテレビを見て楽しかった。

　I _____ _____ TV.

- □ 働き始める _____ to work

3級

- □ 私はこの映画を一度も見たことがありません。

　I've never _____ this movie.

- □ 今までにこの歌を聞いたことがありますか。

　Have you ever _____ this song?

- □ 私は彼にパーティーに来てほしいです。

　I _____ him to _____ to the party.

40

ie のつづりに注意。

friend 5級
[frend] フレンド

- □ 名 **友達**
  a good friend
  (よい友達, 仲のよい友達)
- □ a friend of mine で私の友達の1人の意味。
  I went shopping with a friend of mine.
  (私は友達と買い物に行きました。)

family 5級
[fǽməli] フェァミリ

- □ 名 **家族**
  a family of four (4人家族)
- □ 複数形は y を ie にして **families**。

father 5級
[fɑ́:ðər] ファーザァ

- □ 名 **父**
- □ 子どもが「お父さん」と呼びかけるときには, father のくだけた言い方 **dad** (発音は [dæd] デァド) がよく使われます。

自分の親をさす場合は, Dad や Mom のように最初の文字を大文字で書くことが多い。

mother 5級
[mʌ́ðər] マザァ

- □ 名 **母**
- □ 子どもが「お母さん」と呼びかけるときには, くだけた言い方の **mom** (発音は [mɑm] マム) がよく使われます。

parent 4級
[péərənt] ペアレント

- □ 名 **親**
- □ 複数形にして my parents とすると私の両親という意味になります。

41

brother `5級`
[brʌ́ðər] ブラザァ

□ 名 兄, 弟

必要がなければ、英語では「兄か弟か」はいちいち区別して言わない。どちらも my brother でOk。

I have a brother.
(私には兄[弟]がいます。)

sister `5級`
[sístər] スィスタァ

□ 名 姉, 妹

Do you have any brothers or sisters?
(あなたには兄弟か姉妹はいますか。)

grandfather `5級`
[grǽndfɑːðər] グレァンファーザァ

□ 名 祖父
□ 「おじいちゃん」と呼びかけるときには, くだけた言い方の grandpa (発音は [grǽndpɑː] グレァンパー) がよく使われます。

grandmother `5級`
[grǽndmʌðər] グレァンマザァ

□ 名 祖母
□ 「おばあちゃん」と呼びかけるときには, くだけた言い方の grandma (発音は [grǽndmɑː] グレァンマー) がよく使われます。

grandparent `4級`
[grǽndpeərənt] グレァンペアレント

□ 名 祖父, 祖母
□ 複数形にして my grandparents とすると私の祖父母という意味になります。

my grandparents' house (祖父母の家)

child `4級`
[tʃaild] チャーイゥド

□ 名 子ども
□ 複数形は children (発音は [tʃíldrən] チゥドレン)

a lot of children (たくさんの子どもたち)

boy 5級
[bɔi] ボーイ

□ 名 <u>男の子</u>

girl 5級
[gəːrl] ガ〜ゥ

□ 名 <u>女の子</u>

uncle 5級
[ʌ́ŋkl] アンクゥ

□ 名 <u>おじ</u>
visit my uncle (おじを訪ねる)

aunt 5級
[ænt] エァント

□ 名 <u>おば</u>

> 虫の「アリ」を表す ant という単語と同じ発音。

cousin 4級
[kʌ́zn] カズン

□ 名 <u>いとこ</u>

> つづりと発音が特別なので注意。

school 5級
[skuːl] スクーゥ

□ 名 <u>学校</u>
go to school (学校に行く)

□ after school で<u>放課後</u>という意味。

teacher 5級
[tíːtʃər] ティーチァ

□ 名 <u>教師</u>
an English teacher (英語の先生)

student 5級
[stjúːdənt] ステューデント

□ 名 <u>生徒</u>

junior high school
[dʒúːnjər hái skuːl] 5級
デューニャ ハーイ スクーゥ

□ 名 <u>中学校</u>

> 具体的な学校名は, Fuji Junior High School (富士中学校) のように全単語の最初を大文字で書きます。

□ a junior high school student で<u>中学生</u>。

class 5級
[klæs] クレァス

- □ 名 授業, クラス
- English class (英語の授業)

classroom 5級
[klǽsru:m] クレァスルーム

- □ 名 教室

gym 5級
[dʒim] ヂム

- □ 名 体育館

gate 3級
[geit] ゲイト

- □ 名 門
- the school gate (校門)

restroom 準2級
[réstru:m] レストルーム

- □ 名 トイレ
- Where is the restroom? (トイレはどこですか。)

classmate 4級
[klǽsmeit] クレァスメイト

- □ 名 クラスメイト

subject 4級
[sʌ́bdʒekt] サブヂェクト

- □ 名 教科
- my favorite subject (私のいちばん好きな教科)

Japanese 5級
[dʒæpəníːz] ヂェァパニーズ

- □ 名 日本語(国語), 日本人
- speak Japanese (日本語を話す)
- □ 形 日本の
- Japanese food (日本の食べ物, 日本料理)

国の名前や、「〇〇語」「〇〇人」という意味の単語は最初の文字を大文字で書くことに注意。

44

English 5級
[íŋgliʃ] イングリッシュ

□ 名 **英語**

speak English (英語を話す)

math 5級
[mæθ] メアス

□ 名 **数学**

study math (数学を勉強する)

math は，もともと mathematics という
長い単語を省略した形。

science 5級
[sáiəns] サーイエンス

□ 名 **理科，科学**

a science teacher (理科の先生)

s のあとの c を忘れないように注意。

history 5級
[hístəri] ヒストゥリ

□ 名 **歴史**

Japanese history (日本史)

music 5級
[mjú:zik] ミューズィク

□ 名 **音楽**

listen to music (音楽を聞く)

P.E. 5級
[pí:í:] ピーイー

□ 名 **体育**

P.E. class (体育の授業)

Physical education を略した語。

homework 5級
[hóumwə:rk] ホウムワ～ク

□ 名 **宿題**

do my homework (宿題をする)

□ homework は**数えられない名詞**なので，「たくさ
んの宿題がある」は have a lot of homework と
言います。× homeworks とはしません。

textbook 5級
[téks*t*buk] テクストブク

□ 名 **教科書**

確認テスト

解答・解説のページはありません。
それぞれの単語を学習したページにもどって，答えを確認しましょう。

5級

- ☐ 友達 _____
- ☐ 家族 _____
- ☐ 父 _____
- ☐ 母 _____
- ☐ 祖父 _____
- ☐ 祖母 _____
- ☐ 男の子 _____
- ☐ 女の子 _____
- ☐ おば _____
- ☐ 教師 _____
- ☐ 生徒 _____
- ☐ 教室 _____
- ☐ 理科，科学 _____
- ☐ 音楽 _____
- ☐ 教科書 _____

- ☐ あなたには兄弟か姉妹はいますか。

  Do you have any _____ or _____ ?

- ☐ おじを訪ねる　　visit my _____
- ☐ 学校に行く　　go to _____
- ☐ 中学校　　junior _____ _____
- ☐ 英語の授業　　_____ _____
- ☐ 数学を勉強する　　study _____
- ☐ 日本史　　_____ _____
- ☐ 宿題をする　　do my _____

4級

- ☐ 祖父 _____
- ☐ いとこ _____
- ☐ 私の両親　　my _____
- ☐ たくさんの子どもたち　　a lot of _____
- ☐ 私のいちばん好きな教科　　my favorite _____

get 5級
[get] ゲット

会話では，get は「買う」という
意味で buy のかわりに使われること
もよくあります。

□ 動 **手に入れる**

　get a ticket（チケットを手に入れる）

□ get up で**起きる**という意味。

　get up at six（6時に起きる）

□ get to ～で**～に着く**という意味。

　get to the station（駅に着く）

□ 行き方をたずねるときにも get to ～を使います。

　How can I get to the station?

　（どうすれば駅に行けますか。）

□ get on ～で**～に乗る**，get off ～で**～を降りる**

　という意味。

　get off the train（電車を降りる）

□ ing 形は，最後の t を重ねて <u>getting</u> になります。

 マイ
例文 □

意味：

....

4級 □ 過去形は <u>got</u>（発音は [gɑt] ガット）

□ get のあとに形容詞がきて**～（という状態）になる**

　という意味を表します。

　It's getting dark outside.

　（外は暗くなってきています。）

□ I got it. で**わかった**という意味。

....

3級 □ 過去分詞は <u>gotten</u>（発音は [gɑ́tn] ガットン）

take 5級

[teik] テイク

- □ 動 <u>取る，持っていく</u>

take an apple from the tree

（木からりんごを取る）

Take an umbrella with you.

（かさを持っていきなさい。）

- □ <u>(人を)連れていく</u>という意味もあります。

Can you take me to the zoo, Dad?

（私を動物園に連れていってくれる，お父さん？）

- □ <u>(乗り物に)乗っていく</u>という意味もあります。

take a taxi（タクシーに乗る）

take a train to Tokyo（東京へ電車に乗っていく）

- □ take a picture で<u>写真を撮る</u>という意味。

take care of ～ で「～の世話をする」という意味。（→ P.236 care）

- □ take a bath で<u>ふろに入る</u>という意味。
- □ take off で<u>脱ぐ</u>という意味。

Please take off your shoes.

（くつを脱いでください。）

4級 □ 過去形は **took**（発音は [tuk] トゥッ）

- □ <u>(時間が) かかる</u>という意味も表します（このとき，it を主語にすることが多い）。

It takes an hour to get there.

（そこにたどり着くのに 1 時間かかります。）

3級 □ 過去分詞は **taken**（発音は [téikən] テイクン）

This picture was taken 50 years ago.

（この写真は 50 年前に撮られました。）

bring 5級

[briŋ] ブリング

□ **動** 持ってくる, 連れてくる

Please bring your lunch tomorrow.

(明日はお弁当を持ってきてください。)

4級 □ 過去形は **brought** (発音は [brɔːt] ブロー)

□ bring A B で **A に B を持ってくる**。

bring her some flowers (彼女に花を持ってくる)

make 5級

[meik] メイク

□ **動** 作る

make a doghouse (犬小屋を作る)

make a sandwich (サンドイッチを作る)

 □

意味：

4級 □ 過去形は **made** (発音は [meid] メイド)

3級 □ 過去分詞は **made**。「作られる」という受け身の文

でよく使われます。

This watch was made in Japan.

(この時計は日本で作られました。)

□ make A B で **A を B(という状態)にする**とい

う意味になります。

His letter made me happy.

(彼の手紙は私を幸せにしました。)

 □

意味：

基本動詞③

49

stay `5級`

[stei] ステイ

□ 動 **滞在する，とどまる**

stay home (家にいる)

stay at a hotel (ホテルに泊まる)

□ stay up で**寝ないで起きている**という意味。

stay up late (遅くまで夜ふかしする)

□ 名 **滞在**

 □

意味：

---

leave `5級`

[li:v] リーヴ

□ 動 **去る，出発する**

leave Japan (日本を去る)

□ leave for **〜で〜に向けて出発する**の意味。

leave for school (学校に向けて出発する)

□ **置いていく，残す**という意味でも使います。

leave a message (メッセージを残す)

Don't leave your bag here.

(ここにかばんを置いていかないで。)

 □

意味：

`4級` □ 過去形は **left** (発音は [left] レフト)

`3級` □ 過去分詞は **left**

leave の過去形は「左」の意味の
left(→ P.103) とつづり・発音が
まったく同じです。

□ leave A Bで**AをBのままにしておく**という意味。

leave the door open

(ドアを開けたままにしておく)

wait 5級

[weit] ウェイト

「〜を待つ」と言うときは for をつけて wait for 〜。× wait him などはまちがいなので注意。

□ 動 <u>待つ</u>

Please wait here. (ここで待っていてください。)

□ wait for <u>〜で〜を待つ</u>という意味。

I'm waiting for him. (私は彼を待っています。)

🖊 マイ例文 □

意味：

---

eat 5級

[i:t] イート

「食事をとる」と言うときは，eat のかわりに have が使われることも多い。

□ 動 <u>食べる</u>

eat lunch (昼食を食べる)

4級 □ 過去形は <u>ate</u> (発音は [eit] エイト)

3級 □ 過去分詞は <u>eaten</u> (発音は [íːtn] イートン)

---

drink 5級

[driŋk] ドリンク

□ 動 <u>飲む</u>

drink a cup of tea (紅茶を1杯飲む)

4級 □ 過去形は <u>drank</u> (発音は [dræŋk] ドレァンク)

3級 □ 過去分詞は <u>drunk</u> (発音は [drʌŋk] ドランク)

---

cook 5級

[kuk] クック

「食事を作る」の意味では make もよく使う。cook は特に「火を使って調理する」という意味。

□ 動 <u>料理する</u>

cook fish (魚を料理する)

□ 名 <u>料理する人，コック</u>

She is a very good cook.

(彼女は料理がとても上手な人です。)

wash 5級

[waʃ] ワーシュ

□ 動 洗う

Wash your hands.

(手を洗いなさい。)

□ wash the dishes で食器を洗うという意味。

□ 3単現は es をつけて washes です。

---

clean 5級

[kliːn] クリーン

□ 動 そうじする, きれいにする

clean my room

(部屋をそうじする)

□ 形 きれいなという意味もあります (→ p.214)。

マイ例文
□

意味：

---

drive 5級

[draiv] ドゥラーイヴ

□ 動 運転する

drive a car (車を運転する)

□ 車で行くという意味もあります。

drive home (車で家に帰る)

4級 □ 過去形は drove (発音は [drouv] ドゥロウヴ)

---

swim 5級

[swim] スウィム

□ 動 泳ぐ

He swims fast. (彼は速く泳ぎます。)

□ ing 形は最後の m を重ねて swimming となります。

He is swimming. (彼は泳いでいます。)

4級 □ 過去形は swam (発音は [swæm] スウェアム)

---

sing 5級

[siŋ] スィング

□ 動 歌う

Let's sing a song. (歌を歌いましょう。)

- -

4級 □ 過去形は **sang** (発音は [sæŋ] セアング)

- -

3級 □ 過去分詞は **sung** (発音は [sʌŋ] サング)

dance 5級

[dæns] ダァンス

□ 動 踊る

Let's dance. (踊りましょう。)

□ 名 踊り

open 5級

[óupən] オウプン

□ 動 開く

Can you open the door?

(ドアを開けてくれる？)

- -

4級 □ 形 **開いている**

That store is open on Sundays.

(あの店は日曜日に開いています。)

close 5級

[klouz] クロウズ

□ 動 **閉じる**

close the window (窓を閉める)

- -

4級 □ 形 **ごく近い**, **親密な**という意味もあります。この意味での発音は [klous] クロウス。

a close friend (とても仲のいい〈親密な〉友達)

Is the answer 100? — Close!

(答えは100ですか。— 近い〈おしい〉！)

解答・解説のページはありません。
それぞれの単語を学習したページにもどって，答えを確認しましょう。

5級

☐ 持ってくる ＿＿＿＿＿＿＿＿ ☐ 作る ＿＿＿＿＿＿＿＿

☐ 滞在する ＿＿＿＿＿＿＿＿ ☐ 去る，出発する ＿＿＿＿＿＿＿＿

☐ 食べる ＿＿＿＿＿＿＿＿ ☐ 飲む ＿＿＿＿＿＿＿＿

☐ 料理する ＿＿＿＿＿＿＿＿ ☐ 洗う ＿＿＿＿＿＿＿＿

☐ 運転する ＿＿＿＿＿＿＿＿ ☐ 開く ＿＿＿＿＿＿＿＿

☐ 起きる ＿＿＿＿＿＿＿＿ up

☐ 電車を降りる ＿＿＿＿＿＿＿＿ ＿＿＿＿＿＿＿＿ the train

☐ タクシーに乗る ＿＿＿＿＿＿＿＿ a taxi

☐ 私は彼を待っています。 I'm ＿＿＿＿＿＿＿＿ for him.

☐ 彼は泳いでいます。 He is ＿＿＿＿＿＿＿＿.

☐ 歌を歌いましょう。 Let's ＿＿＿＿＿＿＿＿ a song.

☐ 窓を閉める ＿＿＿＿＿＿＿＿ the window

4級

☐ take の過去形 ＿＿＿＿＿＿＿＿ ☐ leave の過去形 ＿＿＿＿＿＿＿＿

☐ eat の過去形 ＿＿＿＿＿＿＿＿ ☐ sing の過去形 ＿＿＿＿＿＿＿＿

☐ 外は暗くなってきています。 It's ＿＿＿＿＿＿＿＿ dark outside.

☐ そこにたどり着くのに1時間かかります。

It ＿＿＿＿＿＿＿＿ an hour to ＿＿＿＿＿＿＿＿ there.

3級

☐ この写真は50年前に撮られました。

This picture was ＿＿＿＿＿＿＿＿ 50 years ago.

☐ 彼の手紙は私を幸せにしました。 His letter ＿＿＿＿＿＿＿＿ me happy.

☐ ドアを開けたままにしておく ＿＿＿＿＿＿＿＿ the door open

06 身の回りのもの

TV 5級
[tíːvíː] ティーヴィー

□ 名 <u>テレビ</u>

> television を略した語です。

watch TV (テレビを見る)

watch baseball on TV (テレビで野球を見る)

---

radio 4級
[réidiou] レイディオウ

□ 名 <u>ラジオ</u>

listen to the radio (ラジオを聞く)

---

computer 5級
[kəmpjúːtər] コンピュータァ

□ 名 <u>コンピューター</u>, <u>パソコン</u>

use a computer

(パソコンを使う)

> パソコンは正確には personal
> computer ですが, ふつうは単に
> computer と言えばOKです。

---

bed 5級
[bed] ベッド

□ 名 <u>ベッド</u>

□ go to bed で<u>寝る（床につく）</u>という意味。

---

table 5級
[téibl] テイボゥ

□ 名 <u>テーブル</u>

on the table (テーブルの上に)

table tennis (卓球)

---

desk 5級
[desk] デスク

□ 名 <u>机</u>

---

chair 5級
[tʃeər] チェアァ

□ 名 <u>いす</u>

sit on a chair (いすにすわる)

---

shelf 準2級
[ʃelf] シェ_ッフ

□ 名 たな
□ 複数形は不規則に変化して <u>shelves</u>。

pen 5級
[pen] ペン

□ 名 <u>ペン</u>

pencil 5級
[pénsl] ペンスゥ

□ 名 <u>えんぴつ</u>

eraser 5級
[iréisər] イレイサァ

□ 名 <u>消しゴム</u>

book 5級
[buk] ブック

□ 名 <u>本</u>

notebook 5級
[nóutbuk] ノウトブク

□ 名 <u>ノート</u>

dictionary 5級
[díkʃəneri] ディクショネリ

□ 名 <u>辞書</u>
□ 複数形は y を ie にかえて <u>dictionaries</u>。

envelope 準2級
[énvəloup] エンヴェロウプ

□ 名 <u>封筒</u>

knife 5級
[naif] ナイフ

□ 名 <u>ナイフ</u>
□ 複数形は不規則に変化して <u>knives</u>。

k は発音しません。

clock 5級
[klɑk] クラーク

□ 名 (置き)時計

lamp 3級
[læmp] レアンプ

□ 名 ランプ

camera 5級
[kǽmərə] キャメラ

□ 名 カメラ

album 4級
[ǽlbəm] エァッバム

□ 名 アルバム

picture 5級
[píktʃər] ピクチャァ

□ 名 写真, 絵

take a picture (写真を撮る)

写真は photo と言うこともあります。
photo は photograph の略。

painting 5級
[péintiŋ] ペインティング

□ 名 絵画

a beautiful painting (美しい絵画)

poster 4級
[póustər] ポウスタァ

□ 名 ポスター

map 4級
[mæp] メァップ

□ 名 地図

a world map (世界地図)

ball 5級
[bɔːl] ボール

□ 名 ボール

box `5級`
[bɑks] バークス

□ 名 箱

---

phone `5級`
[foun] フォウン

□ 名 電話 (telephone[téləfoun] テレフォウンの略)

speak on the phone (電話で話す)

answer the phone (電話に出る)

---

cell phone `5級`
[sél foun] セ ゥ フォウン

□ 名 携帯電話 (cellphoneと1語で書くこともある)

Do you have a cell phone?

(あなたは携帯電話を持っていますか。)

---

pet `5級`
[pet] ペット

□ 名 ペット

Do you have any pets?

(あなたは何かペットを飼っていますか。)

---

dog `5級`
[dɔːg] ドーグ

□ 名 犬

I like dogs. (私は犬が好きです。)

> 「犬が好き」「ねこが好き」などと言うときには，dog や cat は複数形にします。

---

cat `5級`
[kæt] キャット

□ 名 ねこ

I don't like cats. (私はねこが好きではありません。)

---

bag `5級`
[bæg] ベアッ

□ 名 かばん，袋

a paper bag (紙袋)

---

backpack `5級`
[bǽkpæk] ベアックペアック

□ 名 リュック，バックパック

58

T-shirt 5級
[tíːʃəːrt] ティーシャ〜ト

□ 名 <u>Tシャツ</u>

sweater 4級
[swétər] スウェタァ

□ 名 <u>セーター</u>

dress 4級
[dres] ドレス

□ 名 <u>ドレス</u>

> 女性用のワンピースのことも dress と言います。

apron 準2級
[éiprən] エイプロン

□ 名 <u>エプロン</u>

pants 5級
[pænts] ペアンッ

□ 名 <u>ズボン</u>（複数形）
  wear pants（ズボンをはいている）

skirt 5級
[skəːrt] スカ〜ト

□ 名 <u>スカート</u>

coat 5級
[kout] コウト

□ 名 <u>コート</u>

towel 4級
[táuəl] タウエゥ

□ 名 <u>タオル</u>

laundry 準2級
[lɔ́ːndri] ローンドリィ

□ 名 <u>洗たく物</u>
  do the laundry（洗たくをする）

shoe 5級
[ʃuː] シュー

- □ 名 くつ
- □ 2つで1足なのでふつう**複数形**で使います。

Please take off your shoes here.
(ここでくつを脱いでください。)

hat 5級
[hæt] ヘァト

- □ 名 ぼうし

wear a hat (ぼうしをかぶっている)

baseball cap (野球帽) のように、ふちのない帽子は cap と呼ぶものもあります。

glasses 5級
[glǽsiz] グレァスィズ

- □ 名 めがね（複数形）

wear glasses (めがねをかけている)

- □ glass は**ガラス**，**コップ**の意味。(→ p.150)

umbrella 5級
[ʌmbrélə] アンブレラ

- □ 名 かさ

open the umbrella (かさを開く)

house 5級
[haus] ハーウス

- □ 名 家

live in a big house (大きな家に住む)

room 5級
[ruːm] ルーム

- □ 名 部屋

She is in her room. (彼女は部屋にいます。)

door 5級
[dɔːr] ドーァ

- □ 名 ドア

open the door (ドアを開ける)

window 5級
[wíndou] ウィンドウ

- □ 名 窓

open the window (窓を開ける)

closet 3級
[klάzit] クラズィット

□ 名 <u>クローゼット</u>

衣服を収納するスペース。発音は日本語の「クローゼット」と全然ちがうので注意。

kitchen 5級
[kítʃin] キチン

□ 名 <u>台所</u>

in the kitchen (台所で)

sink 2級
[siŋk] スィンク

□ 名 <u>流し台</u>

□ 動 <u>沈む</u>

bath 5級
[bæθ] ベァス

□ 名 <u>ふろ</u>

take a bath (ふろに入る)

shower 4級
[ʃάuər] シャウアァ

□ 名 <u>シャワー</u>

take a shower (シャワーを浴びる)

bathroom 5級
[bǽθru:m] ベァスルーム

□ 名 <u>浴室</u>, <u>トイレ</u>

go to the bathroom (トイレに行く)

アメリカでは浴室とトイレが同じスペースにあります。go to the bathroom と言うとトイレをさすことが多いです。

bedroom 5級
[bédru:m] ベッドルーム

□ 名 <u>寝室</u>

living room 5級
[líviŋ ru:m] リヴィングルーム

□ 名 <u>居間</u>, <u>リビングルーム</u>

確認テスト

解答・解説のページはありません。
それぞれの単語を学習したページにもどって、答えを確認しましょう。

5級

□ コンピューター ＿＿＿＿＿＿＿＿ □ テーブル ＿＿＿＿＿＿＿＿
□ 机 ＿＿＿＿＿＿＿＿ □ ペン ＿＿＿＿＿＿＿＿
□ えんぴつ ＿＿＿＿＿＿＿＿ □ 消しゴム ＿＿＿＿＿＿＿＿
□ 本 ＿＿＿＿＿＿＿＿ □ ノート ＿＿＿＿＿＿＿＿
□ 辞書 ＿＿＿＿＿＿＿＿ □ カメラ ＿＿＿＿＿＿＿＿
□ ボール ＿＿＿＿＿＿＿＿ □ 箱 ＿＿＿＿＿＿＿＿
□ ペット ＿＿＿＿＿＿＿＿ □ ねこ ＿＿＿＿＿＿＿＿
□ かばん，袋 ＿＿＿＿＿＿＿＿ □ Ｔシャツ ＿＿＿＿＿＿＿＿
□ ぼうし ＿＿＿＿＿＿＿＿ □ かさ ＿＿＿＿＿＿＿＿
□ 家 ＿＿＿＿＿＿＿＿ □ 部屋 ＿＿＿＿＿＿＿＿
□ ドア ＿＿＿＿＿＿＿＿ □ 窓 ＿＿＿＿＿＿＿＿
□ 台所 ＿＿＿＿＿＿＿＿ □ 浴室，トイレ ＿＿＿＿＿＿＿＿
□ 寝室 ＿＿＿＿＿＿＿＿
□ 寝る go to ＿＿＿＿＿＿＿＿
□ いすにすわる sit on a ＿＿＿＿＿＿＿＿
□ 写真を撮る take a ＿＿＿＿＿＿＿＿
□ 電話で話す speak on the ＿＿＿＿＿＿＿＿
□ 私は犬が好きです。 I like ＿＿＿＿＿＿＿＿.
□ ここでくつを脱いでください。 Please take off your ＿＿＿＿＿＿＿＿ here.
□ めがねをかけている wear ＿＿＿＿＿＿＿＿
□ ふろに入る take a ＿＿＿＿＿＿＿＿

4級

□ 地図 ＿＿＿＿＿＿＿＿ □ タオル ＿＿＿＿＿＿＿＿
□ シャワーを浴びる take a ＿＿＿＿＿＿＿＿

07 基本形容詞①

good 5級
[gud] グード

□ **形** よい

□ **上手な**という意味もあります。

He's a good soccer player.

(彼は上手なサッカープレーヤーです。

→彼はサッカーをするのが上手です。)

□ be good at ～で**～が上手だ**という意味です。

She is good at swimming.

(彼女は水泳が得意です。)

□ **おいしい**という意味でもよく使います。

This hamburger is good!

(このハンバーガー, おいしい!)

goodは比較級と最上級が不規則に変化します。

4級 □ 比較級は <u>better</u>（発音は [bétər] ベター）

Your idea is better than mine.

(あなたの考えは私のよりもいいです。)

□ 最上級は <u>best</u>（発音は [best] ベスト）

This is the best book of the three.

(これは3冊の中でいちばんよい本です。)

bad 4級
[bæd] バァド

□ **形** 悪い

□ That's too bad. で**それは残念ですね**という意味。

軽い同情を表すときの言い方です。

□ 比較級は <u>worse</u>（発音は [wəːrs] ワ～ス）

□ 最上級は <u>worst</u>（発音は [wəːrst] ワ～スト）

nice 5級
[nais] ナーイス

- □ 形 **すてきな**

  It's a nice day. (いい日〈天気〉ですね。)

- □ **親切な，優しい**という意味でもよく使います。

  Be nice to your friends.

  (友達に親切にしなさい。)

- □ Nice to meet you. (はじめまして。) は初対面の
  あいさつ。もとは「あなたに会えたのはすてきなこ
  とです。」といった意味。

 □

意味：

---

great 5級
[greit] グレイト

- □ 形 **すばらしい，すごい**

  That's a great idea!

  (それはすばらしい考えですね！)

- □ **偉大な**という意味もあります。

  a great scientist (偉大な科学者)

---

fine 5級
[fain] ファーイン

- □ 形 **けっこうな，元気な**

  Are you OK? — I'm fine.

  (〈体調などを心配して〉大丈夫？ — 大丈夫です。)

---

beautiful 5級
[bjú:təfəl] ビューティフォゥ

- □ 形 **美しい**

  a beautiful flower (美しい花)

- 4級 □ 比較級は more beautiful
- □ 最上級は most beautiful

happy 5級

[hǽpi] ヘァピ

□ 形 **幸せな, うれしい**

I'm very happy. (私はとても幸せです。)

4級 □ be happy to ～で**～してうれしい**の意味。

I'm happy to see you.

(あなたに会えてうれしいです。)

□ 比較級は y を i にかえて <u>happier</u> になります。

□ 最上級は y を i にかえて <u>happiest</u> になります。

---

sad 4級

[sǽd] セァド

□ 形 **悲しい**

a sad story (悲しい物語)

She looks sad.

(彼女は悲しそうに見えます。)

---

kind 5級

[káind] カーインド

□ 形 **親切な**

a kind girl (親切な女の子)

□ be kind to ～で**～に親切である**という意味。

Be kind to other people.

(ほかの人たちに親切にしなさい。)

4級 □ 名 <u>種類</u>という意味もあります。

many kinds of animals

(たくさんの種類の動物たち)

□ what kind of ～で<u>どんな種類の～</u>という意味。

What kind of music do you like?

(どんな種類の音楽が好きですか。)

new 5級
[njuː] ニュー

□ 形 <u>新しい</u>

a new car (新しい車)

---

old 5級
[ould] オウッド

□ 形 <u>古い</u>

an old house (古い家)

□ <u>年をとった</u>という意味もあります。

an old cat (年をとったねこ)

□ ～ years old で<u>～歳</u>という意味。建物や学校など
が<u>作られてから～年</u>という意味でも使います。

I'm thirteen years old.

(私は 13 歳です。)

□ How old ～?で<u>何歳 (どのくらい古い)</u>という意味。

How old is Tom? (トムは何歳ですか。)

> 年齢を言うとき，years old はよ
> く省略されて，I'm thirteen. と
> だけ言うことも多い。

---

young 5級
[jʌŋ] ヤング

□ 形 <u>若い</u>

a young doctor (若い医師)

---

big 5級
[big] ビーグ

□ 形 <u>大きい</u>

a big apple (大きいりんご)

4級 □ 比較級は最後の g を重ねて <u>bigger</u> になります。

□ 最上級は最後の g を重ねて <u>biggest</u>。

the biggest city in Japan (日本一の大都市)

> 比較級・最上級は g を 2 つ重
> ねます。×biger，×bigest とい
> うまちがいが多いので注意。

---

small 5級
[smɔːl] スモーゥ

□ 形 <u>小さい</u>

a small country (小さな国)

long

[lɔːŋ] ローング

□ 形 <u>長い</u>

a long bridge (長い橋)

for a long time (長い間)

□ How long 〜?は<u>どのくらいの長さか</u>という意味。

How long is this movie?

(この映画はどのくらいの長さですか。)

 □

意味:

....

3級 □ How long have you +過去分詞 …? で<u>あなたは</u>
<u>どのくらい〜していますか</u>という意味。

How long have you been in Japan?

(あなたはどのくらい日本にいますか。

→日本に来てどのくらいですか。)

short 5級

[ʃɔːrt] ショート

□ 形 <u>短い</u>

a short story (短い物語)

high 5級

[hai] ハーイ

gh は発音しません。

□ 形 <u>高い</u>

a high mountain (高い山)

□ 〜 meters high で<u>〜メートルの高さ</u>という意味。

This tower is 634 meters high.

(この塔は634mの高さです。)

low 5級

[lou] ロウ

□ 形 <u>低い</u>

at a low price (安い値段で)

確認テスト

解答・解説のページはありません。
それぞれの単語を学習したページにもどって，答えを確認しましょう。

5級

- ☐ よい ＿＿＿＿＿＿＿
- ☐ すごい, 偉大な ＿＿＿＿＿＿＿
- ☐ 美しい ＿＿＿＿＿＿＿
- ☐ 幸せな ＿＿＿＿＿＿＿
- ☐ 親切な ＿＿＿＿＿＿＿
- ☐ 新しい ＿＿＿＿＿＿＿
- ☐ 古い ＿＿＿＿＿＿＿
- ☐ 若い ＿＿＿＿＿＿＿
- ☐ 大きい ＿＿＿＿＿＿＿
- ☐ 小さい ＿＿＿＿＿＿＿
- ☐ 長い ＿＿＿＿＿＿＿
- ☐ 短い ＿＿＿＿＿＿＿

☐ 彼女は水泳が得意です。　She is ＿＿＿＿＿＿＿ at swimming.

☐ はじめまして。　＿＿＿＿＿＿＿ to meet you.

☐ （体調などを心配して）大丈夫？ ― 大丈夫です。

Are you OK? ― I'm ＿＿＿＿＿＿＿.

☐ トムは何歳ですか。　How ＿＿＿＿＿＿＿ is Tom?

☐ 高い山　a ＿＿＿＿＿＿＿ mountain

4級

☐ これは3冊の中でいちばんよい本です。

This is the ＿＿＿＿＿＿＿ book of the three.

☐ それは残念ですね。　That's too ＿＿＿＿＿＿＿.

☐ 悲しい物語　a ＿＿＿＿＿＿＿ story

☐ どんな種類の音楽が好きですか。

What ＿＿＿＿＿＿＿ of music do you like?

3級

☐ あなたはどのくらい日本にいますか。

How ＿＿＿＿＿＿＿ have you been in Japan?

this 5級
[ðis] ズィス

□ 代 <u>これ</u>　形 <u>この</u>
　This is my book. (これは私の本です。)
　This book is mine. (この本は私のです。)

□ 近くにいる人を紹介するときにも使います。
　This is my friend Lisa.
　(こちらは私の友達のリサです。)

4級 □ 電話で「こちらは〜です。」と名乗るときにはＩ am
　〜. ではなく <u>This is 〜.</u> を使います。
　Hello. This is Kumi. May I speak to Amy?
　(もしもし。久美ですが, エイミーはいますか。)

that 5級
[ðæt] ゼアト

□ 代 <u>あれ</u>　形 <u>あの</u>
　That's my bike. (あれは私の自転車です。)
　That bike is mine. (あの自転車は私のです。)

4級 □ 相手の言ったことを受けて<u>それ</u>という意味でも使い
　ます。
　I passed the test. ─ That's great!
　(テストを通ったよ。─ それはすごい！)

□ 接 <u>〜ということ</u>の意味で, Ｉ think などのあとに
　〈主語＋動詞〉を続けるときに使います。
　I think that he is right.
　(私は, 彼は正しいと思います。)

接続詞の that (〜ということ)
はよく省略します。省略しても意
味は変わりません。

□ 代 前の名詞に説明を加える関係代名詞として whichやwhoと同じように使います。

I work for a company that makes websites.

（私はウェブサイトを作る会社で働いています。）

---

these 5級

[ði:z] ズィーズ

□ 代 **これら** 形 **これらの** （thisの複数形）

□ 複数のときは，thisのかわりに <u>these</u> を使います。

単数：**This is my book.**

（これは私の本です。）

> 複数のときは this, that は使えません。×this books ではなく ○ these books になります。

複数：**These are my books.**

（これらは私の本です。）

□ these days で **このごろ** という意味。現在形の文で使います。

I don't watch TV these days.

（私はこのごろテレビを見ません。）

マイ例文 □

意味：

---

those 5級

[ðouz] ゾウズ

□ 代 **あれら** 形 **あれらの** （thatの複数形）

□ 複数のときは，thatのかわりに <u>those</u> を使います。

単数：**Look at that girl.**

（あの女の子を見て。）

複数：**Look at those people.**

（あの人たちを見て。）

マイ例文 □

意味：

---

what

[ʰwat] ワット

□ **代** 何

□ what is の短縮形は <u>what's</u>。

What's(=What is) your sister's name?

(あなたのお姉[妹]さんの名前は何ですか。)

What do you have for breakfast?

(あなたは朝食に何を食べますか。)

> what time で「何時」, what day で「何曜日」という意味になります。

□ **形** What＋名詞で<u>何の～</u>という意味。

What sports do you like?

(あなたは何のスポーツが好きですか。)

---

who 5級

[huː] フー

□ **代** だれ

□ who is の短縮形は <u>who's</u>。

Who's(=Who is) that boy?

(あの男の子はだれですか。)

3級 □ 関係代名詞として, 人を表す名詞に後ろから説明を

加えるときに使います。

I know a girl who plays soccer well.

(私はサッカーが上手な女の子を知っています。)

---

whose 5級

[huːz] フーズ

□ **形** だれの

□ Whose ～ is this? (これはだれの～ですか。) に

対しては mine (私のもの) や yours (あなたのもの)

など (→ p.7) を使って答えることが多いです。

> who is の短縮形 who's と混同しないように注意。

Whose pen is this? ― It's mine.

(これはだれのペンですか。― 私のです。)

08

代名詞・疑問詞

71

which 5級

[_hwitʃ] ウィッチ

Which
どちら.どれ

□ 代 **どちら, どれ**

> whatとちがって，限られた選択肢の中から選ぶときに使うのがwhichです。

Which is yours? (どちらがあなたのですか。)

Which do you want, A or B?

(あなたはAとBのどちらがほしいですか。)

□ 形 Which＋名詞で**どちらの〜**という意味。

Which bus goes to the station?

(どちらのバスが駅へ行きますか。)

4級 □ 比較の文でよく使われます。

Which do you like better, English or math?

(英語と数学では，どちらのほうが好きですか。)

3級 □ 代 関係代名詞として，ものを表す名詞に後ろから説明を加えるときに使います。

This is the bus which goes to the station.

(これが駅へ行くバスです。)

where 5級

[_hweər] ウェアァ

Where
どこ

□ 副 **どこに**

Where is Tom? (トムはどこにいますか。)

Where do you live?

(あなたはどこに住んでいますか。)

 マイ例文 □

意味：

when 5級

[_hwen] ウェン

□ 副 **いつ**

When is your birthday?

(あなたの誕生日はいつですか。)

72

4級 □ **接** when のあとに〈主語＋動詞〉を続けて，**～の**
ときという意味を表します。when ～ の部分は文
の後半にくるほか，前半にくることもあります。

I came to Japan when I was ten.
=When I was ten, I came to Japan.

(私は 10 歳のときに日本に来ました。)

why 5級

[*h*wai] ワイ

□ **副** なぜ

Why are you late?

(どうして遅刻したのですか。)

□ Why don't you ～? で**～してはどうですか**とい
う意味です。誘うときによく使います。

Why don't you come with me?

(私といっしょに来ませんか。)

□ Why don't we ～? で**いっしょに～しませんか**
という意味です。

Why don't we play tennis after school?

(放課後いっしょにテニスをしませんか。)

4級 □ Why ～? に理由を答えるときは <u>Because ～.</u> を
使います。

Why did you stay home?
— Because I was sick.

(なぜ家にいたのですか。 — 病気だったからです。)

Why ～? に目的を答えるときは
To ～. を使うこともあります。

マイ
例文 □

意味：

how 5級

[hau] ハーウ

How
どう

□ 副 <u>どう</u>

How is your mother?

(お母さんはお元気ですか。)

How is the weather?

(天気はどうですか。)

□ 副 <u>どうやって</u>

How do you get to school?

(あなたはどうやって学校に行きますか。)

マイ例文 □

意味：

□ How about ～? で<u>～はどうですか</u>という意味。

I'm hungry. How about you?

(私は空腹です。あなたはどうですか。)

□ 副 <u>どのくらい</u>

how（どのくらい）と，many（たくさんの）や old（古い），long（長い）などの語を組み合わせて，いろいろなことをたずねることができます。

☐ How many 〜? で<u>いくつ</u>という意味です。数えら
れる名詞の数をたずねます。

How many T-shirts do you have?

(あなたはTシャツを何枚持っていますか。)

☐ How much 〜? で<u>いくら</u>という意味です。値段や,
数えられない名詞の量をたずねます。

How much is this watch? (この時計はいくらですか。)

☐ How old 〜? で<u>何歳</u>という意味です。人の年齢や,
ものの古さをたずねます。

How old is your father?

(あなたのお父さんは何歳ですか。)

代名詞・疑問詞

☐ How long 〜? で<u>どれくらい長いか</u>という意味。
ものの長さや時間の長さ・期間をたずねます。

How long is this movie?

(この映画はどのくらいの長さですか。)

☐ How tall 〜? で<u>どれくらいの高さか</u>という意味。
身長も how tall でたずねます。

How tall is he? (彼の身長はどれくらいですか。)

☐ How far 〜? で<u>どれくらい離れて</u>という意味。
距離をたずねます。

How far is it to the station?

(駅までどれくらいの距離がありますか。)

⋯⋯⋯⋯⋯⋯⋯⋯⋯⋯⋯⋯⋯⋯⋯⋯⋯⋯⋯⋯⋯⋯⋯⋯⋯⋯

3級 ☐ how to 〜で<u>どうやって〜するか</u>という意味。to
のあとには動詞の原形がきます。

Do you know how to get to the museum?

(博物館への行き方を知っていますか。)

確認テスト

解答・解説のページはありません。
それぞれの単語を学習したページにもどって，答えを確認しましょう。

5級

☐ これ，この ＿＿＿＿＿＿＿＿ ☐ あれ，あの ＿＿＿＿＿＿＿＿

☐ これら，これらの ＿＿＿＿＿＿＿＿ ☐ あれら，あれらの ＿＿＿＿＿＿＿＿

☐ だれの ＿＿＿＿＿＿＿＿ ☐ なぜ ＿＿＿＿＿＿＿＿

☐ あなたは朝食に何を食べますか。 ＿＿＿＿＿＿＿＿ do you have for breakfast?

☐ あの男の子はだれですか。 ＿＿＿＿＿＿＿＿ is that boy?

☐ あなたはどこに住んでいますか。 ＿＿＿＿＿＿＿＿ do you live?

☐ あなたの誕生日はいつですか。 ＿＿＿＿＿＿＿＿ is your birthday?

☐ 私は空腹です。あなたはどうですか。

I'm hungry. ＿＿＿＿＿＿＿＿ about you?

☐ あなたはTシャツを何枚持っていますか。

＿＿＿＿＿＿＿＿ ＿＿＿＿＿＿＿＿ T-shirts do you have?

4級

☐ もしもし。久美ですが，エイミーはいますか。

Hello. ＿＿＿＿＿＿＿＿ is Kumi. May I speak to Amy?

☐ 英語と数学では，どちらのほうが好きですか。

＿＿＿＿＿＿＿＿ do you like better, English or math?

☐ 私は10歳のとき日本に来ました。 I came to Japan ＿＿＿＿＿＿＿＿ I was ten.

3級

☐ 私はサッカーが上手な女の子を知っています。

I know a girl ＿＿＿＿＿＿＿＿ plays soccer well.

☐ これが駅へ行くバスです。

This is the bus ＿＿＿＿＿＿＿＿ goes to the station.

☐ 博物館への行き方を知っていますか。

Do you know ＿＿＿＿＿＿＿＿ ＿＿＿＿＿＿＿＿ get to the museum?

one □ 1
[wʌn] ワン

first □ 1番目(の)
[fə:rst] ファ〜スト

省略して1st, 2nd, 3rd, 4th, 5th のように書くこともある。

two □ 2
[tu:] トゥー

second □ 2番目(の)
[sékənd] セカンド

three □ 3
[θri:] スリー

third □ 3番目(の)
[θə:rd] サ〜ド

four □ 4
[fɔ:r] フォーァ

fourth □ 4番目(の)
[fɔ:rθ] フォース

five □ 5
[faiv] ファーイヴ

fifth □ 5番目(の)
[fifθ] フィフス

six □ 6
[siks] スィクス

sixth □ 6番目(の)
[siksθ] スィクスス

seven □ 7
[sevn] セヴン

seventh □ 7番目(の)
[sevnθ] セヴンス

eight □ 8
[eit] エイト

eighth □ 8番目(の)
[eitθ] エイトス

eighth, ninth のつづりに注意。
×eighth ではなく ○eighth,
×nineth ではなく ○ninth。

nine □ 9
[nain] ナーイン

ninth □ 9番目(の)
[nainθ] ナーインス

ten □ 10
[ten] テン

tenth □ 10番目(の)
[tenθ] テンス

eleven ☐ 11
[ilévn] イレヴン

eleventh ☐ 11番目(の)
[ilévnθ] イレヴンス

× twelveth ではなく○ twelfth

twelve ☐ 12
[twelv] トウェッヴ

twelfth ☐ 12番目(の)
[twelfθ] トウェ ゥフス

thirteen ☐ 13
[θəːrtíːn] サーティーン

thirteenth ☐ 13番目(の)
[θəːrtíːnθ] サーティーンス

fourteen ☐ 14
[fɔːrtíːn] フォーティーン

fourteenth ☐ 14番目(の)
[fɔːrtíːnθ] フォーティーンス

fifteen ☐ 15
[fiftíːn] フィッティーン

fifteenth ☐ 15番目(の)
[fiftíːnθ] フィッティーンス

sixteen ☐ 16
[sikstíːn] スィックスティーン

sixteenth ☐ 16番目(の)
[sikstíːnθ] スィックスティーンス

seventeen ☐ 17
[sevntíːn] セヴンティーン

seventeenth ☐ 17番目(の)
[sevntíːnθ] セヴンティーンス

eighteen ☐ 18
[eitíːn] エイティーン

eighteenth ☐ 18番目(の)
[eitíːnθ] エイティーンス

nineteen ☐ 19
[naintíːn] ナインティーン

nineteenth ☐ 19番目(の)
[naintíːnθ] ナインティーンス

twenty ☐ 20
[twénti] トウェンティ

twentieth ☐ 20番目(の)
[twéntiəθ] トウェンティエス

twenty-one ☐ 21
[twenti wʌ́n] トゥウェンティワン

twenty-first ☐ 21番目(の)
[twenti fə́ːrst] トゥウェンティファースト

☐ 21〜99は，10の位の数（twenty〜ninety）と1の位の数（one〜nine）をハイフン(-)でつないで表します。

| 21 → twenty-one | 22 → twenty-two | 23 → twenty-three |
| 31 → thirty-one | 42 → forty-two | 53 → fifty-three |

thirty ☐ 30
[θə́ːrti] サ〜ティ

thirtieth ☐ 30番目(の)
[θə́ːrtiəθ] サ〜ティエス

× fourty, × fourtieth ではなく
○ forty, ○ fortieth

forty ☐ 40
[fɔ́ːrti] フォーティ

fortieth ☐ 40番目(の)
[fɔ́ːrtiəθ] フォーティエス

fifty ☐ 50
[fífti] フィフティ

fiftieth ☐ 50番目(の)
[fíftiəθ] フィフティエス

sixty ☐ 60
[síksti] スィクスティ

sixtieth ☐ 60番目(の)
[síkstiəθ] スィクスティエス

seventy ☐ 70
[sévnti] セヴンティ

seventieth ☐ 70番目(の)
[sévntiəθ] セヴンティエス

eighty ☐ 80
[éiti] エイティ

eightieth ☐ 80番目(の)
[éitiəθ] エイティエス

ninety ☐ 90
[náinti] ナーインティ

ninetieth ☐ 90番目(の)
[náintiəθ] ナーインティエス

09

数

hundred
[hʌ́ndrəd] ハンドレド

□ <u>100</u>

one hundred (100)

□ hundreds of ～で<u>何百もの</u>～という意味。

hundreds of people (何百もの人々)

thousand
[θáuzənd] サーウザンド

□ <u>1,000</u>

three thousand (3,000)

1,000
2,000
↳thousand

□ thousands of ～で<u>何千もの</u>～という意味。

million
[míljən] ミリョン

□ <u>100万</u>

one million (100万)

1,000,000
2,000,000
↳million

zero
[zírou] ズィロウ

□ <u>0 (ゼロ)</u>

yen
[jen] イエン

□ 名 <u>円</u> (お金の単位)
□ 単数形も複数形も yen。s はつけません。

two thousand yen (2,000円)

yen には s をつけませんが，dollar や cent には s をつけます。

dollar
[dálər] ダーラァ

□ 名 <u>ドル</u> (お金の単位)

twenty dollars (20ドル)

cent
[sent] セント

□ 名 <u>セント</u> (1ドルの100分の1)

one dollar and fifty cents (1ドル50セント)

80

meter

[míːtər] ミータァ

□ 名 **メートル**

This bridge is 25 meters long.

(この橋は 25 メートルの長さです。)

---

kilometer

[kilámətər] キラーミタァ

□ 名 **キロメートル**

ten kilometers (10 キロメートル)

大きな数の言い方

□ 100 以上の数は，100 の位(くらい)に hundred を使って表します。

hundred のあとの and はあってもなくてもかまいません。

- 101 　　　→ one hundred (and) one
- 115 　　　→ one hundred (and) fifteen
- 230 　　　→ two hundred (and) thirty
- 345 　　　→ three hundred (and) forty-five
- 999 　　　→ nine hundred (and) ninety-nine

> hundred には s をつけません。
> × two hundreds ではなく
> ○ two hundred で OK です。

□ 1,000 以上の数は，1,000 の位(数字のあとにコンマ(,)がある位置)に

thousand を使って表します。

- 1,200 　　→ one thousand two hundred
- 2,014 　　→ two thousand fourteen
- 5,555 　　→ five thousand five hundred (and) fifty-five
- 10,000 　 → ten thousand
- 20,000 　 → twenty thousand
- 100,000 　→ one hundred thousand

> thousand にも s はつけません。

確認テスト

解答・解説のページはありません。
それぞれの単語を学習したページにもどって，答えを確認しましょう。

5級

☐ 1 _____   ☐ 1番目 _____

☐ 2 _____   ☐ 2番目 _____

☐ 3 _____   ☐ 3番目 _____

☐ 4 _____   ☐ 4番目 _____

☐ 5 _____   ☐ 5番目 _____

☐ 6 _____   ☐ 7 _____

☐ 8 _____   ☐ 9 _____

☐ 9番目 _____   ☐ 10 _____

☐ 11 _____   ☐ 12 _____

☐ 12番目 _____   ☐ 13 _____

☐ 14 _____   ☐ 15 _____

☐ 15番目 _____   ☐ 16 _____

☐ 17 _____   ☐ 18 _____

☐ 18番目 _____   ☐ 19 _____

☐ 20番目 _____   ☐ 21 _____

☐ 21番目 _____   ☐ 22 _____

☐ 50 _____   ☐ 90番目 _____

☐ 345   three _____ and _____

☐ 20,000 _____ _____

☐ 100万 _____ _____

☐ 20ドル _____ _____

☐ この橋は25メートルの長さです。

This bridge is 25 _____ long.

morning 5級
[mɔ́ːrniŋ] モーニング

□ 名 朝, 午前
in the morning (朝に, 午前中に)

noon 5級
[nuːn] ヌーン

□ 名 正午 (昼の12時)
at noon (正午に)

afternoon 5級
[æftərnúːn] エァフタヌーン

□ 名 午後
in the afternoon (午後に)

evening 5級
[íːvniŋ] イーヴニング

□ 名 夕方
in the evening (夕方に)
Good evening. (こんばんは。)

night 5級
[nait] ナイト

□ 名 夜
at night (夜に)
last night (昨夜)
□ Good night. (おやすみなさい。) は夜に人と別れる
ときのあいさつ。

o'clock 5級
[əklɑ́k] アクラーク

□ 副 ~時 (ちょうど)
at seven o'clock (7時に)
□ ちょうどの時間を表すときにだけ使います。7時半
は seven thirty と言い, × seven thirty o'clock
や× seven o'clock thirty などとは言いません。

a.m. 5級
[éiém] エイエム

□ <u>午前</u>

10 a.m. (午前10時)

a.m. と p.m. はふつう小文字で書き,
必ず数字のあとにつけます。
× a.m. 10 とは言いません。

p.m. 5級
[píém] ピーエム

□ <u>午後</u>

10 p.m. (午後10時)

▼ day 5級
[dei] ディ

□ 名 <u>日</u>

three days (3日間)

□ 名 <u>曜日</u>

What day is it today? (今日は何曜日ですか。)

□ one day で<u>ある日</u>という意味。

▼ week 5級
[wi:k] ウィーク

□ 名 週

two weeks (2週間)

next week (来週)

▼ month 5級
[mʌnθ] マンス

□ 名 月

six months (6か月)

last month (先月)

▼ year 5級
[jiər] イアァ

□ 名 年

two years ago (2年前)

last year (去年)

□ ~ years old で<u>~歳</u>という意味(→ p.66 old)。

I'm twelve years old.

(私は12歳です。)

hour `5級`

[áuər] アーウァ

hour の最初の h は発音しないことに注意。

- □ 名 <u>時間</u>（「○時間」と言うときの単位）
  study for an hour (1 時間勉強する)
- □ 母音で始まる語なので、「1 時間」は× a hour ではなく、an hour（または one hour）と言います。
- □ opening hours で<u>営業時間</u>という意味。

---

minute `5級`

[mínit] ミニト

- □ 名 <u>分</u>

`4級` □ a minute で<u>ちょっとの間</u>という意味。
  Wait a minute. (ちょっと待ってください。)

---

second `3級`

[sékənd] セカンド

- □ 名 <u>秒</u>
  sixty seconds (60 秒)

---

today `5級`

[tədéi] トゥデイ

- □ 副 名 <u>今日</u>
  It's sunny today. (今日は晴れです。)

---

yesterday `4級`

[jéstərdei] イェスタデイ

- □ 副 名 <u>昨日</u>

---

tomorrow `5級`

[təmɔ́:rou] トゥモーロウ

- □ 副 名 <u>明日</u>

---

date `5級`

[deit] デイト

曜日をたずねる What day is it today? とのちがいに注意。

- □ 名 <u>日付</u>
  What's the date today? ― It's April first.
  (今日は何日ですか。― 4 月 1 日です。)

曜日 5級

> 「○曜日に」と言うときは，on Sunday（日曜日に）のように on を使います。

Sunday
[sʌ́ndei] サンデイ
☐ 名 日曜日

Monday
[mʌ́ndei] マンデイ
☐ 名 月曜日

Tuesday
[tjúːzdei] テューズデイ
☐ 名 火曜日

Wednesday
[wénzdei] ウェンズデイ
☐ 名 水曜日

Thursday
[θə́ːrzdei] サ〜ズデイ
☐ 名 木曜日

Friday
[fráidei] フ ラーイデイ
☐ 名 金曜日

Saturday
[sǽtərdei] セァタデイ
☐ 名 土曜日

季節 5級

> 「春に」「夏に」などは in を使って in spring, in summer のように言います。

season
[síːzn] スィーズン
☐ 名 季節
four seasons （四季）

spring
[spriŋ] スプリング
☐ 名 春

summer
[sʌ́mər] サマァ
☐ 名 夏

fall
[fɔːl] フォーゥ
☐ 名 秋

> fall のかわりに autumn という語を使うこともあります。

winter
[wíntər] ウィンタァ
☐ 名 冬

月 5級

> 「〇月に」と言うときは, in January (1月に) のように in を使います。

January □ 名 1月
[dʒǽnjueri] ヂェアニュエリ

February □ 名 2月
[fébrueri] フェブルエリ

March □ 名 3月
[mɑːrtʃ] マーチ

April □ 名 4月
[éiprəl] エイプリゥ

May □ 名 5月
[mei] メイ

June □ 名 6月
[dʒuːn] ヂューン

July □ 名 7月
[dʒulái] ヂュラーイ

August □ 名 8月
[ɔ́ːgəst] オーガスト

September □ 名 9月
[septémbər] セプテンバァ

October □ 名 10月
[ɑktóubər] アクトウバァ

November □ 名 11月
[nouvémbər] ノウヴェンバァ

December □ 名 12月
[disémbər] ディセンバァ

10

時・曜日・月など

日にちの言い方

□ 「〇月〇日」は, ふつう May 1 (5月1日) のように書きます。「〇日」は, 1 のように書かれていても first のように序数で読みます。(日を表す序数の前に the をつける場合もあります。)

・1月15日 → January 15 (January fifteenth と読む)

・6月23日 → June 23 (June twenty-third と読む)

解答・解説のページはありません。
それぞれの単語を学習したページにもどって、答えを確認しましょう。

5級

☐ 朝 _____   ☐ 夕方 _____

☐ 年 _____   ☐ 分 _____

☐ 今日 _____   ☐ 明日 _____

☐ 日曜日 _____   ☐ 月曜日 _____

☐ 火曜日 _____   ☐ 水曜日 _____

☐ 木曜日 _____   ☐ 金曜日 _____

☐ 季節 _____   ☐ 春 _____

☐ 夏 _____   ☐ 秋 _____

☐ 冬 _____   ☐ 1月 _____

☐ 2月 _____   ☐ 3月 _____

☐ 5月 _____   ☐ 6月 _____

☐ 7月 _____   ☐ 8月 _____

☐ 9月 _____   ☐ 10月 _____

☐ 11月 _____   ☐ 12月 _____

☐ 正午に   at _____   ☐ 午後に   in the _____

☐ 昨夜   last _____   ☐ 7時に   at seven _____

☐ 午前10時   10 _____

☐ 今日は何曜日ですか。— 土曜日です。

　 What _____ is it today? — It's _____.

☐ 来週   next _____   ☐ 6か月   six _____

☐ 私は12歳です。   I'm twelve _____ _____.

☐ 1時間勉強する   study for an _____

☐ 今日は何日ですか。—4月1日です。

　 What's the _____ today? — It's _____ first.

11 基本形容詞②・副詞

every 5級

[évri] エヴリ

> every のあとは**単数形**。×every mornings や×every weeks のように**複数形**にしないように注意。

□ 形 **毎～**，**どの～も**

every day (毎日)，**every morning** (毎朝)

every Sunday (毎週日曜日)，**every week** (毎週)

□ every のあとにくる名詞は単数形にします。

Every flower has a name.

(どの花にも名前があります。)

all 5級

[ɔ:l] オール

> all のあとの数えられる名詞は**複数形**になります。

□ 形 **すべての**

All the flowers are beautiful.

(すべての花が美しい。)

□ 代 **全部**，**全員**

all of them (彼らの全員)

□ All right. で**いいですよ** (= OK.) という意味。

□ That's all right. は，謝られたときに**いいですよ，気にしないで**の意味で使います。

I'm sorry. — That's all right.

(ごめんなさい。— いいんですよ。)

> That's all for today. は今日はこれで**以上**ですという意味で，授業の終わりで先生がよく使う。

□ That's all. で**以上です**という意味。

4級 □ all day で**1日中**という意味。

watch TV all day (1日中テレビを見る)

□ not ～ at all で**まったく～ない**という意味。

I'm not hungry at all.

(私は全然おなかがすいていません。)

▼ some 5級

[sʌm] サム

> 数えられる名詞のときは，複数形にするのを忘れないようにしよう。
> × some boy ○ some boys

□ 形 **いくつかの，いくらかの**

□ 数えられる名詞にも，数えられない名詞にも使います。数えられる名詞は複数形にします。

  ○ **some boys** （何人かの男の子たち（数えられる名詞））

  ○ **some water** （いくらかの水（数えられない名詞））

マイ例文

□

意味：

□ 否定文では some のかわりに <u>any</u> を使います。

  × I don't have some friends here.

  ○ **I don't have any friends here.**

  （私には，ここには（1人も）友達がいません。）

□ 疑問文ではふつう some のかわりに <u>any</u> を使いますが，ものをすすめるときなど，Yes の答えを期待するときは疑問文でも some を使います。

  Do you want some tea? （紅茶はいかがですか。）

▼ any 5級

[éni] エニ

> 疑問文の any は「少しでも，1つでも」という意味合い。日本語に訳さないことが多い。

□ 形 （疑問文で）<u>いくらかの，少しでも</u>

□ 数えられる名詞にも，数えられない名詞にも使います。数えられる名詞は複数形にします。

  Do you have any questions?

  （何か質問はありますか。）

  Do you have any brothers or sisters?

  （兄弟か姉妹はいますか。）

□ （否定文で）<u>少しも（〜ない）</u> という意味。

  I don't have any money.

  （私は少しもお金を持っていません。）

---

a lot of 〜 [5級]
[ə lát əv] アラッタヴ

□ <u>たくさんの〜 (多数の，多量の)</u>

□ 数えられる名詞にも，数えられない名詞にも使います。

数えられる名詞は複数形にします。

○ **a lot of flowers** (たくさんの花)

○ **a lot of money** (たくさんのお金)

□ a lot で<u>たくさん</u>，<u>とても</u>という意味。

He knows a lot about Japan.

(彼は日本についてたくさん知っています。)

Thanks a lot. (どうもありがとう。)

> 「とても」の a lot は，very much と同じ意味のくだけた言い方です。I like him a lot.（私は彼のことが大好きです。)

---

many [5級]
[méni] メニ

□ 形 (数えられる名詞が) <u>たくさんの (多数の)</u>

many countries (たくさんの国々)

□ many は数えられる名詞の複数形にだけ使います。

「たくさんの水」（water は数えられない名詞）

× many water   ○ **a lot of water**

「たくさんの宿題」（homeworkは数えられない名詞）

× many homework ○ **a lot of homework**

□ How many 〜? で<u>いくつ</u>という意味。(→ p.75)

> 会話では many よりも a lot of を使うことが多いです。many は否定文や疑問文の中でよく使われます。

[4級] □ too many 〜で<u>あまりにも多くの〜</u>という意味。

There are too many cars in this city.

(この都市には車が多すぎます。)

□ 比較級 (もっと多くの) は <u>more</u>。(→ p.164)

She has more friends than I do.

(彼女には，私よりもたくさんの友達がいます。)

□ 最上級 (もっとも多くの) は <u>most</u>。(→ p.164)

much `5級`

[mʌtʃ] マッチ

会話では much よりも a lot of を
使うことが多い。much は否定文
や疑問文の中でよく使われます。

- □ **形** （数えられない名詞が）**たくさんの （多量の）**
- □ much は数えられない名詞にだけ使います。

I don't have much time.

（私にはあまり時間がありません。）

- □ very much で**とても**という意味。

She likes cats very much.

（彼女はねこが大好きです。）

- □ How much ～? で（量や金額が）**いくら**という意味。

How much is this? — It's ten dollars.

（これはいくらですか？ — 10ドルです。）

`4級` □ 比較級は <u>more</u>。

□ 最上級は <u>most</u>。

no を使うときは not は不要。I have
no friends ～ . で、I don't have any
friends ～ . と同じ意味になります。

no `5級`

[nou] ノウ

- □ **形** **1 つの～もない**

I have no friends in Tokyo.

（私は東京に友達は 1 人もいません。）

always `5級`

[ɔ́:lweiz] オールウェイズ

- □ **副** **いつも**
- □ 一般動詞の文では，一般動詞の前にきます。

She always gets up early.

（彼女はいつも早く起きます。）

- □ be 動詞の文では，be 動詞のあとにきます。

She is always busy. （彼女はいつも忙しい。）

 □

意味：

92

usually 5級

[júːʒuəli] ユージュアリ

- 圖 **ふつうは，たいてい**
- 一般動詞の文では，一般動詞の前にきます。

I usually get up at seven.

（私はふつう7時に起きます。）

✎ マイ例文 □

意味：

> often の t は発音しないことが多いですが，t を発音して [オーフトゥン] のように言う人もいます。

often 5級

[ɔ́ːfn] オーフン

- 圖 **よく，しばしば**
- 一般動詞の文では，一般動詞の前にきます。

I often play the guitar.

（私はよくギターをひきます。）

- How often 〜? で**どれくらいの頻度で**という意味です。

How often do you practice? — Once a week.

（どれくらいの頻度で練習するのですか。

— 週に1回です。）

> 最後の s を忘れて ✕ sometime としたり，2語に分けて ✕ some times と書いたりするミスが多いので注意。

sometimes 5級

[sʌ́mtaimz] サムタイムズ

- 圖 **ときどき**
- 一般動詞の文では，ふつう一般動詞の前にきます。

I sometimes go to school by bus.

（私はときどきバスで学校へ行きます。）

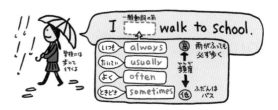

here 5級

[hiər] ヒァァ

□ 副 **ここに，ここで**

come here (ここに来る)

□ 「ここに」と言うとき，here には to や in などをつける必要はありません。× come to here ではなく come here と言います。

□ Here you are. で（物をさし出して）**はい，どうぞ**という意味。

 □

意味：

---

 there 5級

[ðeər] ゼァァ

□ 副 **そこに，そこで**

go there (そこに行く)

□ there には to や in などをつける必要はありません。× go to there ではなく go there と言います。

□ over there で**あそこに**という意味。

Where's my notebook? — It's over there.

（私のノートはどこ？ — あそこです。）

4級 □ There is[are] 〜. で**〜があります**という意味。

There is a bag on the desk.

（机の上にかばんがあります。）

---

 home 5級

[houm] ホウム

□ 副 **家に，家で**

go home (家に帰る)

□ at home で**家で**という意味。

watch TV at home (家でテレビを見る)

94

now 5級

[nau] ナーゥ

- □ 副 **今**

  It's not raining now.

  (今は雨が降っていません。)

- □ right now で**今のところ**，**今すぐに**の意味。

  I'm busy right now.

  (今は忙しいです。)

---

then 5級

[ðen] ゼン

- □ 副 **そのとき**

  I was watching TV then.

  (私はそのときテレビを見ていました。)

- □ 副 **それから**

  I went home and then watched TV.

  (家に帰って，それからテレビを見ました。)

---

very 5級

[véri] ヴェリ

- □ 副 **とても**

  very interesting (とてもおもしろい)

> very は形容詞の前につけて，形容詞の意味を強めます。

---

really 5級

[ríːəli] リーアリ

- □ 副 **本当に**

  She really likes cats.

  (彼女は本当にねこが好きです。)

---

again 5級

[əgén] アゲン

- □ 副 **再び**

  say that again (それをもう一度言う)

---

together 5級

[təgéðər] トゥゲザァ

- □ 副 **いっしょに**

  sing together (いっしょに歌う)

確認テスト

解答・解説のページはありません。
それぞれの単語を学習したページにもどって，答えを確認しましょう。

5級

- ☐ すべての _____
- ☐ いくつかの _____
- ☐ いつも _____
- ☐ ふつうは _____
- ☐ よく，しばしば _____
- ☐ ときどき _____
- ☐ ここに，ここで _____
- ☐ 今 _____
- ☐ そのとき _____
- ☐ とても _____
- ☐ 本当に _____
- ☐ 再び _____
- ☐ 毎日 _____ day

☐ ごめんなさい。— いいんですよ。

　　I'm sorry. — That's _____ _____.

☐ 何か質問はありますか。　Do you have _____ questions?

☐ たくさんの花　　　a _____ of flowers

☐ たくさんの国々　　_____ countries

☐ 私にはあまり時間がありません。　I don't have _____ time.

☐ 私は東京に友達は1人もいません。

　　I have _____ friends in Tokyo.

☐ そこに行く　　　go _____

☐ 家でテレビを見る　watch TV at _____

☐ いっしょに歌う　sing _____

4級

- ☐ many の比較級 _____
- ☐ much の最上級 _____

☐ 机の上にかばんがあります。

　　_____ _____ a bag on the desk.

time 5級

[taim] タイム

「1時間」「2時間」などと言う ときの単位としての「時間」は time ではなく hour を使う。

□ 图 時間

□ What time 〜? で**何時（に）**という意味。

What time is it? （〈今〉何時ですか。）

□ 「時間」という意味では数えられない名詞なので，複数形にしません。

I don't have time. （私には時間がありません。）

□ have a good time で**楽しい時を過ごす**の意味。

We had a very good time.

（私たちはとても楽しい時を過ごしました。）

‥‥‥‥‥‥‥‥‥‥‥‥‥‥‥‥‥‥‥‥‥‥‥‥

4級 □ time to 〜で**〜する時間**という意味。

I don't have time to watch TV.

（私にはテレビを見る時間がありません。）

□ 回 （この意味では数えられる名詞です。）

three times （3回）

□ for the first time で**初めて**という意味。

□ 〜 times as … as A で**A の〜倍…**という意味。

India is nine times as large as Japan.

（インドは日本の9倍の広さです。）

‥‥‥‥‥‥‥‥‥‥‥‥‥‥‥‥‥‥‥‥‥‥‥‥

3級 □ How many times 〜? で**何回**と回数をたずねます。

How many times have you been to Kyoto?

（あなたは何回京都に行ったことがありますか。）

□ for a long time で**長い間**という意味。

name 5級
[neim] ネイム

□ 名 名前
□ 姓(名字)は family name と言います。

I am Judy.

3級 □ 動 name A B で **A を B と名づける**という意味。

They named the baby Ann.

（彼らは赤ちゃんをアンと名づけました。）

---

address 4級
[ədrés] アドレス

□ 名 住所
an e-mail address (メールアドレス)

---

number 5級
[nʌ́mbər] ナンバァ

□ 名 数, 番号
□ phone number で**電話番号**という意味。

---

birthday 5級
[bə́:rθdei] バ〜スデイ

□ 名 誕生日

My birthday is May fifth.

（私の誕生日は 5 月 5 日です。）

---

place 4級
[pleis] プレイス

□ 名 場所

time and place (時間と場所)

---

world 4級
[wə́:rld] ワ〜ゥド

□ 名 世界
□ all over the world で**世界中で**という意味。

---

country 5級
[kʌ́ntri] カントリ

□ 名 国

a foreign country (外国)

□ 複数形は y を ie にかえて countries になります。

man 5級
[mæn] メァン

□ 名 <u>男の人</u>
□ 複数形は <u>men</u> (発音は [men] メン)

woman 5級
[wúmən] ウマン

□ 名 <u>女の人</u>
□ 複数形は <u>women</u> (発音は [wímin] ウィミン)

> man と woman はふつう大人の人をさす。どちらも複数形が不規則に変化するので注意。

people 5級
[píːpl] ピーポゥ

□ 名 <u>人々</u>
a lot of people (たくさんの人々)

> people は person (人) という語の複数形なので、s をつけないままで、いつも複数形として使う。

life 5級
[laif] ライフ

□ 名 <u>生活</u>, <u>生命</u>
□ 複数形は <u>lives</u> (発音は [laivz] ライヴズ)

thing 4級
[θiŋ] スィング

□ 名 <u>もの</u>, <u>こと</u>
an important thing (大切なこと)

animal 5級
[ǽnəməl] エァニマゥ

□ 名 <u>動物</u>

bird 5級
[bəːrd] バ〜ド

□ 名 <u>鳥</u>

fish 5級
[fiʃ] フィシュ

□ 名 <u>魚</u>
□ fish は複数形も fish で同じ形のままです。
a fish (1匹の魚) a lot of fish (たくさんの魚)

question 4級
[kwéstʃən] クウェスチョン

□ 名 <u>質問</u>
a difficult question (難しい質問)

12

いろいろな基本名詞①

answer 5級
[ǽnsər] エァンサァ

□ 名 答え
□ 動 答える
　answer a question (質問に答える)

way 5級
[wei] ウェイ

□ 名 道, 道順
　the way to the station (駅へ行く道順)

4級 □ 名 方法, やり方
　this way (この方法で, このように)
□ by the way でところでという意味。

fun 4級
[fʌn] ファン

□ 名 おもしろいこと, 楽しみ
　Soccer is fun. (サッカーはおもしろい。)
□ have fun で楽しむという意味。

money 5級
[mʌ́ni] マニ

□ 名 お金
□ moneyは数えられない名詞なので複数形にしません。
　a lot of money (たくさんのお金)

coin 5級
[kɔin] コイン

□ 名 硬貨

case 5級
[keis] ケイス

□ 名 ケース, 事例
　a pencil case (筆箱)

internet 3級
[íntərnet] インタネト

□ 名 <u>インターネット</u>

the をつけて使う。
the Internet のように大文字で書く
こともある。

on the internet （ネットで）

e-mail 5級
[í:meil] イーメイゥ

□ 名 <u>(電子)メール</u>

send an e-mail （メールを送る）

blog 2級
[blɑg] ブラーグ

□ 名 <u>ブログ</u>

letter 5級
[létər] レタァ

□ 名 <u>手紙</u>, <u>文字</u>

write a letter （手紙を書く）

note 3級
[nout] ノウト

□ 名 <u>メモ</u>

leave a note （メモを残す）

present 5級
[préznt] プレゼント

□ 名 <u>プレゼント</u>

a birthday present （誕生日プレゼント）

Mr. 5級
[místər] ミスタァ

□ 名 <u>～さん</u>, <u>～先生</u>

□ 男性の姓(名字)につける敬称です。John Smith（姓が Smith）であれば Mr. Smith とします。× Mr. John とは言いません。（Mr. John Smith のようにフルネームにつけるのは OK です。）

Ms. 5級
[miz] ミズ

結婚していない女性には Miss を、
結婚している女性には Mrs. を使う
こともある。

□ 名 <u>～さん</u>, <u>～先生</u>

□ 女性の姓またはフルネームにつける敬称。

確認テスト

解答・解説のページはありません。
それぞれの単語を学習したページにもどって，答えを確認しましょう。

5級

- □ 時間　_____
- □ 名前　_____
- □ 数，番号　_____
- □ 誕生日　_____
- □ 男の人　_____
- □ 女の人　_____
- □ 生活，生命　_____
- □ 動物　_____
- □ 鳥　_____
- □ 魚　_____
- □ 答え　_____
- □ 道，道順　_____
- □ 手紙　_____
- □ プレゼント　_____
- □ 外国　　a foreign _____
- □ たくさんの人々　　a lot of _____
- □ スミスさん（男性）　_____ Smith

4級

- □ 住所　_____
- □ 場所　_____
- □ 世界　_____
- □ 質問　_____
- □ 方法，やり方　_____
- □ お金　_____
- □ 初めて　　for the first _____
- □ 大切なこと　　an important _____
- □ サッカーはおもしろい。　　Soccer is _____.

3級

- □ 長い間　　for a long _____
- □ あなたは何回京都に行ったことがありますか。

  How many _____ have you been to Kyoto?
- □ 彼らは赤ちゃんをアンと名づけました。

  They _____ the baby Ann.

right 5級
[rait] ラーイト

□ 名 形 副 <u>右(の, に)</u>

turn right (右に曲がる)

on your right (〈あなたの〉右側に)

□ 形 <u>正しい</u>

You're right.

(あなたは正しい。)

Is this the right train for Tokyo?

(これは東京行きの正しい電車ですか。)

□ That's right. で<u>その通り</u>という意味。

□ All right. で<u>よろしい</u> (= OK.) という意味。

Can you close the door? — All right.

(ドアを閉めてくれる？— わかった。)

right の「右」の意味に対する反意語は left (左)で、「正しい」の意味に対する反意語は wrong (誤った)。

. . . .

3級 □ 名 <u>権利</u>

women's rights (女性の権利)

- -

left 5級
[left] レフト

□ 名 形 副 <u>左(の, に)</u>

turn left (左に曲がる)

on your left (〈あなたの〉左側に)

. . . .

4級 □ 動 <u>leave(去る)の過去形</u> (→ p.50)

He left Japan yesterday.

(彼は昨日日本を出発しました。)

- -

wrong 4級
[rɔːŋ] ローング

- □ 形 **まちがった**
  a wrong answer (まちがった答え)
- □ What's wrong? で**どうかしたの？**という意味。相手の調子がおかしいときにたずねる言い方です。

next 5級
[nekst] ネクスト

- □ 形 <u>次の</u>
  next week (来週)
- □ next week や next month（来月）には in などをつける必要はありません。× in next month ではなく，next month と言います。
- □ next to ～で<u>～のとなりに</u>の意味。
  next to the bank (銀行のとなりに)

last 4級
[læst] レァスト

- □ 形 **この前の，最後の**
  last year (去年)
- □ last week（先週）や last month（先月）には in などをつける必要はありません。× in last week ではなく，last week と言います。

準2級 □ 動 <u>続く</u>という意味もあります。

early 5級
[ə́ːrli] ア～リィ

- □ 形 <u>早い</u> 副 <u>早く</u>
  get up early (早く起きる)

4級 □ 比較級は y を i にかえて <u>earlier</u>。
□ 最上級は y を i にかえて <u>earliest</u>。

104

late 5級

[leit] レイト

□ 形 <u>遅い，遅れた</u>

Don't be late. (遅刻しないで。)

□ be late for ～で<u>～に遅れる</u>という意味です。

I was late for school.

(学校に遅刻しました。)

busy の u は例外的に [i] と発音します。

busy 5級

[bízi] ビズィ

□ 形 <u>忙しい</u>

I'm busy right now.

(今，忙しいです。)

4級 □ 比較級は y を i にかえて <u>busier</u> となります。

□ 最上級は y を i にかえて <u>busiest</u> となります。

free 5級

[fri:] フリー

□ 形 <u>自由な</u>

□ <u>予定があいている，ひまな</u>という意味もあります。

tired 5級

[táiərd] タイアッド

□ 形 <u>疲れた</u>

I'm very tired.

(私はとても疲れています。)

sleepy は「眠る」という意味の動詞
sleep からできた語です。

sleepy 5級

[slí:pi] スリーピィ

□ 形 <u>眠い</u>

I'm sleepy. I want to go to bed.

(私は眠い。寝たいです。)

hungry 5級

[hʌ́ŋgri] ハングリィ

□ 形 <u>空腹の</u>

Are you hungry?

（おなかがすいていますか。）

---

thirsty 4級

[θə́ːrsti] サ〜スティ

□ 形 <u>のどのかわいた</u>

I'm thirsty. （のどがかわきました。）

---

favorite 5級

[féivərit] フェイヴァリト

□ 形 <u>いちばん好きな</u>, <u>お気に入りの</u>

my favorite song （私のお気に入りの歌）

---

interesting 5級

[íntəristiŋ] インタリスティング

□ 形 <u>おもしろい</u>

> 興味（interest）をかき立てる，知的な興味を引くという意味。笑うようなおかしさを表す語ではありません。

This book is interesting.

（この本はおもしろい。）

4級 □ 比較級は <u>more interesting</u>。
□ 最上級は <u>most interesting</u>。

---

boring 3級

[bɔ́ːriŋ] ボーリング

□ 形 <u>つまらない</u>

> boring は「人を退屈させる」という意味。

This book is boring.

（この本はつまらない。）

a boring movie

（退屈な映画）

popular 5級

[pápjulər] パーピュラァ

□ 形 人気のある

He is popular among young people.

(彼は若い人たちの間で人気があります。)

....

4級 □ 比較級は more popular。

□ 最上級は most popular。

13

基本形容詞③

---

famous 4級

[féiməs] フェイマス

□ 形 有名な

a famous player (有名な選手)

□ be famous for 〜で〜で有名だという意味。

The park is famous for its cherry blossoms.

(その公園は桜の花で有名です。)

□ 比較級は more famous。

□ 最上級は most famous。

---

large 5級

[lɑːrdʒ] ラージ

□ 形 大きい

A large orange juice, please.

(Lサイズのオレンジジュースをください。)

....

4級 □ 比較級は r をつけて larger。

□ 最上級は st をつけて largest。

---

tall 5級

[tɔːl] トーゥ

□ 形 背が高い

a tall man (背が高い男の人)

□ 山などが「高い」と言うときは high を使います。

easy 5級
[íːzi] イーズィ

□ 形 **簡単な**
English is easy.
(英語は簡単です。)

- -

4級 □ 比較級は y を i にかえて <u>easier</u>。
□ 最上級は y を i にかえて <u>easiest</u>。

---

difficult 4級
[dífikəlt] ディフィカット

□ 形 <u>難しい</u>
a difficult question (難しい問題)
□ 比較級は <u>more difficult</u>。
□ 最上級は <u>most difficult</u>。

- -

3級 □ It is … to ～. の文で使われることが多い。
It is difficult for her to write in Japanese.
(彼女にとって日本語で書くことは難しい。)

---

hard 4級
[haːrd] ハード

□ 副 <u>一生けんめいに，熱心に</u>
study hard (一生けんめい勉強する)

- -

3級 □ 形 <u>難しい，かたい</u>
□ It is … to ～. の文でよく使われます。
It's hard for me to get up early.
(早起きすることは私にとって困難です。)

---

soft 5級
[sɔːft] ソーフト

□ 形 <u>やわらかい</u>

108

active `3級`

[ǽktiv] エァクティヴ

- □ 形 活動的な

  an active girl (活動的な女の子)

careful `4級`

[kéərfəl] ケアフゥ

- □ 形 注意深い

  Be careful. (注意して。/ 気をつけて。)

- □ 比較級は more careful。
- □ 最上級は most careful。

same `4級`

[seim] セイム

- □ 形 (the same で) 同じ
- □ at the same time で同時にという意味。

different `4級`

[dífərənt] ディファレント

- □ 形 ちがった

  different cultures (ちがった文化)

- □ be different from ～で～とちがっているという意味。

  His idea is different from mine.

  (彼の考えは私のとちがっています。)

fast `5級`

[fæst] フェアスト

- □ 形 (スピードが) 速い　　副 速く

  run fast (速く走る)

slow `5級`

[slou] スロウ

- □ 形 (スピードが) 遅い

確認テスト

解答・解説のページはありません。
それぞれの単語を学習したページにもどって，答えを確認しましょう。

5級

- □ 右 ＿＿＿＿＿＿
- □ 左 ＿＿＿＿＿＿
- □ 次の ＿＿＿＿＿＿
- □ 忙しい ＿＿＿＿＿＿
- □ 自由な ＿＿＿＿＿＿
- □ 疲れた ＿＿＿＿＿＿
- □ 空腹の ＿＿＿＿＿＿
- □ いちばん好きな ＿＿＿＿＿＿
- □ 人気のある ＿＿＿＿＿＿
- □ 大きい ＿＿＿＿＿＿
- □ 背が高い ＿＿＿＿＿＿
- □ 簡単な ＿＿＿＿＿＿
- □ やわらかい ＿＿＿＿＿＿
- □ (スピードが)遅い ＿＿＿＿＿＿
- □ 銀行のとなりに ＿＿＿＿＿＿ to the bank
- □ 早く起きる get up ＿＿＿＿＿＿
- □ 学校に遅刻しました。 I was ＿＿＿＿＿＿ for school.
- □ この本はおもしろい。 This book is ＿＿＿＿＿＿.
- □ 速く走る run ＿＿＿＿＿＿

4級

- □ leave の過去形 ＿＿＿＿＿＿
- □ のどのかわいた ＿＿＿＿＿＿
- □ 有名な ＿＿＿＿＿＿
- □ 難しい ＿＿＿＿＿＿
- □ 一生けんめいに ＿＿＿＿＿＿
- □ 注意深い ＿＿＿＿＿＿
- □ 去年 ＿＿＿＿＿＿ year
- □ どうかしたの？ What's ＿＿＿＿＿＿?
- □ 同時に at the ＿＿＿＿＿＿ time
- □ 彼の考えは私のとちがっています。 His idea is ＿＿＿＿＿＿ from mine.

3級

- □ 権利 ＿＿＿＿＿＿
- □ 続く ＿＿＿＿＿＿
- □ 難しい, かたい ＿＿＿＿＿＿
- □ 活動的な ＿＿＿＿＿＿

head 5級

[hed] ヘッド

□ 名 頭

おでこより上の部分だけではなく，首から上の「頭部全体」をさします。

hair 5級

[heər] ヘアァ

□ 名 髪の毛

髪の毛全体をさすときは数えられない名詞で，複数形にしません。

a girl with long hair

(髪の長い女の子)

brain 2級

[brein] ブレイン

□ 名 脳

face 5級

[feis] フェイス

□ 名 顔

Wash your face. (顔を洗いなさい。)

eye 4級

[ai] アイ

□ 名 目

「両目」のときは複数形の eyes になることに注意。

Close your eyes. (目を閉じて。)

ear 3級

[iər] イアァ

□ 名 耳

nose 4級

[nouz] ノウズ

□ 名 鼻

mouth 5級
[mauθ] マウス

□ 名 口
    Open your mouth. (口を開けて。)

---

tooth 5級
[tu:θ] トゥース

□ 名 歯
□ 複数形は <u>teeth</u> (発音は [ti:θ] ティース)

---

tongue 2級
[tʌŋ] タング

□ 名 舌

---

throat 2級
[θrout] スロウト

□ 名 のど

---

chin 2級
[tʃin] チン

□ 名 あご

---

neck 2級
[nek] ネック

□ 名 首

---

shoulder 5級
[ʃóuldər] ショウゥダァ

□ 名 肩

---

arm 4級
[ɑːrm] アーム

□ 名 腕 (肩から手首までの部分をさす)

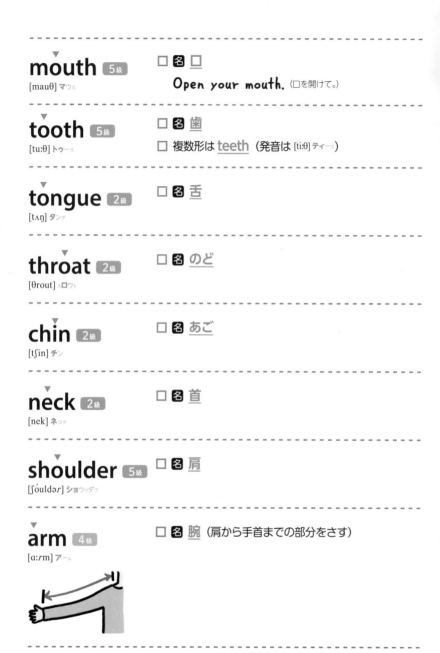

hand 5級

[hænd] ヘァンド

□ 名 手 (手首から先の部分)

What do you have in your hand?

(手に何を持っていますか。)

「片手」だと hand，「両手」だと複数形の hands になることに注意。

---

wrist 2級

[rist] リスト

□ 名 手首

14

体・自然

---

finger 5級

[fíŋɡər] フィンガァ

□ 名 (手の) 指

ふつう親指 (thumb) 以外の4本の指をさす。

---

nail 2級

[neil] ネイゥ

□ 名 つめ

「くぎ」という意味もあります。

---

body 3級

[bádi] バーディ

□ 名 体

---

chest 2級

[tʃest] チェスト

□ 名 胸

---

heart 3級

[ha:rt] ハート

□ 名 心(感情)，心臓

from the bottom of my heart (心のそこから)

---

stomach 3級

[stʌ́mək] スタマック

□ 名 胃，おなか

---

leg `5級`
[leg] レーグ

□ 名 足（足首から上の部分をさす）

> 日本語の「あし」は、英語では leg と foot の 2 つを使い分ける。

foot `5級`
[fut] フット

□ 名 足（足首から下の部分をさす）
□ 複数形は **feet**（発音は [fiːt] フィート）

`4級` □ フィート（アメリカで使われる長さの単位。1 フィートは約 30cm。）

skin `3級`
[skin] スキン

□ 名 肌

headache `3級`
[hédeik] ヘデイク

□ 名 頭痛
have a headache（頭痛がする）

> ～ache の発音に注意。

toothache
[túːθeik] トゥースエイク `3級`

□ 名 歯痛
have a toothache（歯が痛い）

stomachache
[stáməkeik] スタマケイク `3級`

□ 名 腹痛
have a stomachache（おなかが痛い）

pain 準2級 [pein] ペイン	□ 名 痛み, 苦痛
fever 3級 [fíːvər] フィーヴァァ	□ 名 (病気の) 熱 **have a fever** (熱がある)
human 3級 [hjúːmən] ヒューマン	□ 形 人間の **the human body** (人間の体) □ 名 人間 (human being)
nature 3級 [néitʃər] ネイチャァ	□ 名 自然
tree 5級 [triː] トリー	□ 名 木 **under the tree** (木の下に)
flower 5級 [fláuər] フラーウアァ	□ 名 花 **buy some flowers** (花を買う)
leaf 準2級 [liːf] リーフ	leaf の複数形は, 動詞 leave (去る) の 3 単現とつづりも発音も同じ。 □ 名 (木や草の) 葉 □ 複数形は f → v にして es をつけて <u>leaves</u>。
grass 準2級 [græs] グレアス	□ 名 草
forest 3級 [fɔ́ːrist] フォーリスト	□ 名 森 **a rain forest** (熱帯雨林)

plant 4級
[plænt] プラント

□ 名 <u>植物</u>
　grow plants （植物を育てる）
□ 動 <u>植える</u>
　plant flowers （花を植える）

---

sky 4級
[skai] スカーイ

□ 名 <u>空</u>
　in the sky （空に）

---

air 4級
[eə*r*] エアァ

□ 名 <u>空気</u>
　an air conditioner （エアコン）

---

space 3級
[speis] スペイス

□ 名 <u>宇宙</u>, <u>空間</u>
　in space （宇宙で）

---

planet 3級
[plǽnit] プラェニト

□ 名 <u>惑星</u>

太陽のまわりを回っている地球 (earth)
のほか火星 (Mars)，金星 (Venus)
などが惑星です。

---

earth 3級
[ə:*r*θ] ア～ス

□ 名 <u>地球</u>
　on the earth （地球上に）

ふつう the をつけて使う。大文字で
始めて Earth と書くこともある。

---

moon 3級
[mu:n] ムーン

□ 名 <u>（天体の）月</u>
□ ふつう the をつけて使います。

---

star 4級
[stɑ:*r*] スターァ

□ 名 <u>星</u>, <u>スター</u>
　a movie star （映画スター）

land 3級
[lænd] レァンド

□ 名 <u>陸地</u>, <u>土地</u>

---

sea 5級
[si:] スィー

□ 名 <u>海</u>

---

ocean 4級
[óuʃən] オウシャン

□ 名 <u>海</u>, <u>大洋</u>
the Pacific Ocean (太平洋)

---

river 5級
[rívər] リヴァァ

□ 名 <u>川</u>
walk along the river (川沿いに歩く)

---

lake 4級
[leik] レイク

□ 名 <u>湖</u>

---

island 3級
[áilənd] アイランド

□ 名 <u>島</u>

s は発音しません。

---

mountain 5級
[máuntn] マウントン

□ 名 <u>山</u>

---

rock 4級
[rɑk] ラーク

□ 名 <u>岩</u>, <u>ロック</u>
rock music (ロック音楽)

---

stone 4級
[stoun] ストウン

□ 名 <u>石</u>

確認テスト

解答・解説のページはありません。
それぞれの単語を学習したページにもどって，答えを確認しましょう。

5級

☐ 頭 _____	☐ 髪の毛 _____
☐ 顔 _____	☐ 口 _____
☐ 歯 _____	☐ 歯の複数形 _____
☐ 手 _____	☐ (手の) 指 _____
☐ 足(足首から上) _____	☐ 足(足首から下) _____
☐ 木 _____	☐ 花 _____

4級

☐ 目 _____	☐ 鼻 _____
☐ 腕 _____	☐ 植物 _____
☐ 空 _____	☐ 空気 _____
☐ 星, スター _____	☐ 湖 _____
☐ 岩, ロック _____	☐ 石 _____

3級

☐ 体 _____	☐ 心, 心臓 _____
☐ 頭痛 _____	☐ (病気の) 熱 _____
☐ 自然 _____	☐ 森 _____
☐ 宇宙, 空間 _____	☐ 地球 _____
☐ (天体の) 月 _____	☐ 陸地, 土地 _____
☐ 島 _____	

station 5級
[stéiʃən] ·テイション

□ 名 <u>駅</u>
at the station (駅で)

---

train 5級
[trein] ·トレイン

□ 名 <u>電車</u>
take a train (電車に乗っていく)
go to Osaka by train (大阪へ電車で行く)
get on the train (電車に乗り込む)

---

track 2級
[træk] ·トレァク

□ 名 <u>線路</u>
the train on track 2 (2 番線の電車)

---

subway 5級
[sʌ́bwei] サブウェイ

□ 名 <u>地下鉄</u>
a subway station (地下鉄の駅)

---

bus 5級
[bʌs] バス

□ 名 <u>バス</u>
take a bus (バスに乗っていく)
go to school by bus (バスで学校に行く)

□ 複数形は× buss ではなく, es をつけて <u>buses</u>。

---

bus stop 5級
[bʌ́s stap] バススタープ

□ 名 <u>バス停</u>

bike は「オートバイ」の意味で使われることもあります。

---

bike 5級
[baik] バイク

□ 名 <u>自転車</u> (bicycle)
go to school by bike (自転車で学校に行く)

---

car 5級
[kɑ:r] カーァ

□ 名 <u>車</u>
by car (車で)

truck 2級
[trʌk] トラック

□ 名 <u>トラック</u>

track (線路) とまちがえないように!

van 2級
[væn] ヴァン

□ 名 <u>バン</u>

traffic 3級
[træfik] トレァフィク

□ 名 <u>交通</u>
a traffic light (交通信号)

ship 5級
[ʃip] シップ

□ 名 <u>船</u>
□ 動 <u>発送する</u>という意味もあります。

boat 4級
[bout] ボゥト

□ 名 <u>ボート, 船</u>

発音は「ボー」とのばすのではなく,「ボゥ」という発音になることに注意。

plane 5級
[plein] プレイン

□ 名 <u>飛行機</u>
go there by plane (飛行機でそこへ行く)

airplane を短縮した語 (airplane ではなく plane と言うのがふつう)

flight 準2級
[flait] フライト

□ 名 <u>飛行機の便, 空の旅</u>
How was your flight? (空の旅はいかがでしたか。)

airport 5級
[éərpɔ:rt] エアポート

□ 名 <u>空港</u>

120

city 5級
[síti] スィティ

□ 名 <u>都市，市</u>
a big city （大都市）

---

town 4級
[taun] タウン

□ 名 <u>町</u>
a small town （小さな町）

---

downtown 4級
[dauntáun] ダウンタウン

□ 名 <u>（町の）中心街</u>

---

village 4級
[vílidʒ] ヴィリッヂ

□ 名 <u>村</u>
live in a small village （小さな村に住む）

---

park 5級
[pɑːrk] パーク

□ 名 <u>公園</u>
walk in the park （公園を散歩する）

---

bench 5級
[bentʃ] ベンチ

□ 名 <u>ベンチ</u>
sit on a bench （ベンチにすわる）

---

library 5級
[láibreri] ラーイブレリィ

□ 名 <u>図書館</u>
□ 複数形は y を ie にかえて <u>libraries</u> になります。

つづりの l と r をまちがえないように。
学校の「図書室」の意味もあります。

---

bank 5級
[bæŋk] ベァンク

□ 名 <u>銀行</u>
go to the bank （銀行に行く）

---

post office 5級
[póust ɔːfis] ポウスト オーフィス

□ 名 <u>郵便局</u>

---

restaurant 5級
[réstərənt] レストラント

□ 名 レストラン
a Japanese restaurant (日本料理店)

---

hospital 5級
[háspitl] ハースピトォ

□ 名 病院

---

oは「オウ」と発音する。うしろを強く読むことに注意。

hotel 4級
[houtél] ホウテゥ

□ 名 ホテル
stay at a hotel (ホテルに泊まる)

---

store 5級
[stɔːr] スト一ァ

□ 名 店
buy shoes at a store (店でくつを買う)

---

shop 5級
[ʃɑp] シャップ

□ 名 店
□ 動 買い物をするという意味もあります。

---

supermarket
[súːpərmɑːrkit] スーパマーケッ 5級

□ 名 スーパーマーケット

---

bookstore 5級
[búkstɔːr] ブックストーァ

□ 名 書店

日本語の「スタジアム」との発音のちがいに注意。

stadium 4級
[stéidiəm] ステイディアム

□ 名 スタジアム，競技場

英語では「博物館」も「美術館」も同じ単語で表す。まん中を強く読むことに注意。

museum 4級
[mjuːzíːəm] ミューズィーアム

□ 名 博物館，美術館
an art museum (美術館)

theater 4級
[θíətər] スィアタァ

□ 名 <u>劇場</u>
a movie theater （映画館）

zoo 5級
[zu:] ズー

□ 名 <u>動物園</u>
go to the zoo （動物園に行く）

city hall 4級
[síti hɔ́:l] スィティ **ホ**ーゥ

□ 名 <u>市役所</u>

kindergarten
[kíndərgɑːtən] **キ**ンダァガーテン 4級

□ 名 <u>幼稚園</u>

elementary は「初歩的な」という
意味。

elementary school 4級
[eləméntəri sku:l] エレメンタリスクーゥ

□ 名 <u>小学校</u>

high school 5級
[hái sku:l] ハーイスクーゥ

□ 名 <u>高校</u>
a high school student （高校生）

college 5級
[kɑ́lidʒ] **カ**ーリヂ

□ 名 <u>大学</u>
go to college （大学に行く）

「大学」は college がもっとも一般的
で気軽な言い方です。university
は特に総合大学をさします。

university 4級
[juːnəvə́ːrsəti] ユーニ**ヴァ**〜スィティ

□ 名 <u>大学</u>

temple 3級
[témpl] テンポゥ

□ 名 <u>寺</u>

shrine 3級
[ʃrain] シュラーイン
□ 名 神社

castle 準2級
[kæsl] キャスゥ
□ 名 城

church 3級
[tʃə:rtʃ] チャ〜チ
□ 名 教会

market 3級
[má:rkit] マーケット
□ 名 市場

company 4級
[kʌ́mpəni] カンパニィ
□ 名 会社
□ 複数形は y を ie にかえて <u>companies</u> です。

office 5級
[ɔ́:fis] オーフィス
□ 名 事務所，会社
work in an office (会社で働く)

factory 3級
[fǽktəri] フェアクトリィ
□ 名 工場
□ 複数形は y を ie にかえて <u>factories</u>。

street 5級
[stri:t] ストリート
□ 名 通り

road 4級
[roud] ロウド
□ 名 道路
on the road (路上で)

> 発音は「ロード」ではなく，「ロウド」になるので注意。

124

hill 3級
[hil] ヒゥ

□ 名 <u>丘</u>

---

bridge 5級
[bridʒ] ブリッヂ

□ 名 <u>橋</u>

---

beach 4級
[bi:tʃ] ビーチ

□ 名 <u>浜辺</u>

---

field 3級
[fi:ld] フィールド

□ 名 <u>畑</u>, <u>野原</u>
  a field trip (校外学習, 見学旅行)

---

farm 4級
[fɑ:rm] ファーム

□ 名 <u>農場</u>
  work on a farm (農場で働く)

---

garden 5級
[gɑ́:rdn] ガードン

□ 名 <u>庭園</u>
  a vegetable garden (菜園, 野菜畑)

---

building 5級
[bíldiŋ] ビゥディング

□ 名 <u>建物</u>
□ 「建てる」は <u>build</u>。

---

statue 3級
[stǽtʃu:] ステァチュー

□ 名 <u>像</u>
  the Statue of Liberty (自由の女神像)

---

tower 3級
[táuər] ダウアァ

□ 名 <u>タワー</u>, <u>塔</u>
  the Eiffel Tower (エッフェル塔)

確認テスト

解答・解説のページはありません。
それぞれの単語を学習したページにもどって，答えを確認しましょう。

5級

☐ 駅 ＿＿＿＿＿＿＿　　☐ バス停 ＿＿＿＿＿ ＿＿＿＿

☐ 自転車 ＿＿＿＿＿＿＿　　☐ 車 ＿＿＿＿＿＿＿

☐ 船 ＿＿＿＿＿＿＿　　☐ 飛行機 ＿＿＿＿＿＿＿

☐ 空港 ＿＿＿＿＿＿＿　　☐ 都市，市 ＿＿＿＿＿＿＿

☐ 公園 ＿＿＿＿＿＿＿　　☐ 郵便局 ＿＿＿＿＿ ＿＿＿＿

☐ レストラン ＿＿＿＿＿＿＿　　☐ 病院 ＿＿＿＿＿＿＿

☐ スーパーマーケット ＿＿＿＿＿＿＿　　☐ 書店 ＿＿＿＿＿＿＿

☐ 動物園 ＿＿＿＿＿＿＿　　☐ 高校 ＿＿＿＿＿ ＿＿＿＿

☐ 通り ＿＿＿＿＿＿＿　　☐ 橋 ＿＿＿＿＿＿＿

☐ 庭園 ＿＿＿＿＿＿＿　　☐ 建物 ＿＿＿＿＿＿＿

☐ 電車に乗っていく　take a ＿＿＿＿＿＿＿

☐ バスで学校に行く　go to school by ＿＿＿＿＿＿＿

4級

☐ ボート ＿＿＿＿＿＿＿　　☐ 町 ＿＿＿＿＿＿＿

☐ 村 ＿＿＿＿＿＿＿　　☐ ホテル ＿＿＿＿＿＿＿

☐ 競技場 ＿＿＿＿＿＿＿　　☐ 博物館，美術館 ＿＿＿＿＿＿＿

☐ 劇場 ＿＿＿＿＿＿＿　　☐ 市役所 ＿＿＿＿＿ ＿＿＿＿

☐ 会社 ＿＿＿＿＿＿＿　　☐ 道路 ＿＿＿＿＿＿＿

☐ 浜辺 ＿＿＿＿＿＿＿　　☐ 農場 ＿＿＿＿＿＿＿

3級

☐ 交通 ＿＿＿＿＿＿＿　　☐ 寺 ＿＿＿＿＿＿＿

☐ 神社 ＿＿＿＿＿＿＿　　☐ 工場 ＿＿＿＿＿＿＿

16 天気・色・国名

weather 5級
[wéðər] ウェザァ

□ 名 天気

How's the weather in Tokyo?
(東京の天気はどうですか。)

---

sun 4級
[sʌn] サン

□ 名 太陽
□ the をつけて使う。

sunny 5級
[sʌ́ni] サニィ

□ 形 明るく日のさす

It's sunny today.
(今日は晴れています。)

---

rain 5級
[rein] レイン

□ 名 動 雨(が降る)

It's raining.
(雨が降っています。)

rainy 5級
[réini] レイニィ

□ 形 雨の多い,
雨降りの

a rainy day (雨の日)

---

cloud 4級
[klaud] クラウド

□ 名 雲

cloudy 5級
[kláudi] クラウディ

□ 形 くもった

It's cloudy today.
(今日はくもっています。)

---

snow 5級
[snou] スノウ

□ 名 動 雪(が降る)

It's snowing.
(雪が降っています。)

snowy 5級
[snóui] スノウイ

□ 形 雪の多い,
雪の降る

a snowy day (雪の日)

---

wind 4級
[wind] ウィンド

□ 名 風

windy 5級
[wíndi] ウィンディ

□ 形 風の強い

a windy day
(風の強い日)

▼
temperature 準2級 □ 名 温度
[témprətʃər] テンプラチァ

▼
degree 準2級
[digríː] ディグリー

□ 名 度

The temperature is 30 degrees.

（温度は 30 度です。）

▼
hot 5級
[hat] ハート

□ 形 暑い，熱い

It's hot today. （今日は暑いです。）

hot water （お湯）

4級 □ 比較級は t を重ねて hotter。
□ 最上級は t を重ねて hottest。

▼
cold 5級
[kould] コウルド

□ 形 寒い，冷たい

It's cold today. （今日は寒いです。）

cold water （冷たい水）

4級 □ 名 かぜ という意味もあります。

I have a cold. （私はかぜをひいています。）

▼
warm 5級
[wɔːrm] ウォーム

□ 形 暖かい，温かい

It's warm today. （今日は暖かいです。）

▼
cool 5級
[kuːl] クール

□ 形 すずしい
□ かっこいい という意味もあります。

He's really cool. （彼はほんとうにかっこいい。）

north 4級 □ 名 北
[nɔːrθ] ノース

northern □ 形 北の
[nɔ́ːrðərn] ノーザン

south 4級 □ 名 南
[sauθ] サウス

southern □ 形 南の
[sʌ́ðərn] サザン

east 4級 □ 名 東
[iːst] イースト

eastern □ 形 東の
[íːstərn] イースタン

west 4級 □ 名 西
[west] ウェスト

western □ 形 西の
[wéstərn] ウェスタン

color 5級 □ 名 色
[kʌ́lər] カラァ

black 5級 □ 名 形 黒(い)
[blæk] ブレァク

white 5級 □ 名 形 白(い)
[hwait] ワイト

red 5級 □ 名 形 赤(い)
[red] レッド

blue 5級 □ 名 形 青(い)
[bluː] ブルー

green 5級 □ 名 形 緑(の)
[griːn] グリーン

yellow 5級 □ 名 形 黄色(の)
[jélou] イェロウ

brown 5級 □ 名 形 茶色(の)
[braun] ブラウン

gray 5級 □ 名 形 灰色(の)
[grei] グレイ

Japan ▼
[dʒəpǽn] ヂャペァン
5級
□ 名 日本

Japanese ▼
[dʒæpəníːz] ヂェァパニーズ
5級
□ 形 日本の
□ 名 日本人, 日本語

England ▼
[íŋglənd] イングランド
3級
□ 名 イングランド

English ▼
[íŋgliʃ] イングリシュ
5級
□ 形 イングランドの
□ 名 英語

Britain ▼
[brítn] ブリトン
準2級
□ 名 イギリス

British ▼
[brítiʃ] ブリティシュ
3級
□ 形 イギリスの
□ 名 イギリス人

America ▼
[əmérikə] アメリカ
5級
□ 名 アメリカ

American ▼
[əmérikən] アメリカン
5級
□ 形 アメリカの
□ 名 アメリカ人

Australia ▼
[ɔːstréiljə] オーストレイリャ
5級
□ 名 オーストラリア

Australian ▼
[ɔːstréiljən] オーストレイリャン
4級
□ 形 オーストラリアの
□ 名 オーストラリア人

Canada ▼
[kǽnədə] キャナダ
5級
□ 名 カナダ

Canadian ▼
[kənéidiən] カネイディアン
4級
□ 形 カナダの
□ 名 カナダ人

China ▼
[tʃáinə] チャーイナ
5級
□ 名 中国

Chinese ▼
[tʃainíːz] チャイニーズ
5級
□ 形 中国の
□ 名 中国人[語]

Korea ▼
[kəríːə] コリーア
3級
□ 名 韓国・朝鮮

Korean ▼
[kəríːən] コリーアン
3級
□ 形 韓国・朝鮮の
□ 名 韓国・朝鮮人[語]

Russia ▼
[rʌ́ʃə] ラッシャ
3級
□ 名 ロシア

Russian ▼
[rʌ́ʃən] ラッシャン
3級
□ 形 ロシアの
□ 名 ロシア人[語]

India ☐ 名 インド
[índiə] インディア
3級

Indian ☐ 形 インドの
[índiən] インディアン ☐ 名 インド人
3級

France ☐ 名 フランス
[fræns] フレアンス
4級

French ☐ 形 フランスの
[frentʃ] フレンチ ☐ 名 フランス人[語]
4級

Germany ☐ 名 ドイツ
[dʒɔ́ːrməni] ヂャ～マニ
4級

German ☐ 形 ドイツの
[dʒɔ́ːrmən] ヂャ～マン ☐ 名 ドイツ人[語]
4級

Spain ☐ 名 スペイン
[spein] スペイン
4級

Spanish ☐ 形 スペインの
[spǽniʃ] スペアニシュ ☐ 名 スペイン人[語]
4級

Italy ☐ 名 イタリア
[ítəli] イタリ
4級

Italian ☐ 形 イタリアの
[itǽljən] イテァリャン ☐ 名 イタリア人[語]
4級

Asia ☐ 名 アジア
[éiʒə] エイジャ
3級

Asian ☐ 形 アジアの
[éiʒən] エイジャン
3級

Europe ☐ 名 ヨーロッパ
[júərəp] ユーラップ
3級

European ☐ 形 ヨーロッパの
[juərəpíːən] ユーラピーアン
3級

Africa ☐ 名 アフリカ
[ǽfrikə] エアフリカ
3級

African ☐ 形 アフリカの
[ǽfrikən] エアフリカン
3級

United States ☐ 名 the をつけてアメリカ合衆国
[juːnáitid stéits] ユーナイティッドステイツ ☐ the U.S. や the States と言うことも多い。
4級

確認テスト

解答・解説のページはありません。
それぞれの単語を学習したページにもどって，答えを確認しましょう。

5級

☐ 天気	＿＿＿＿＿	☐ 明るく日のさす	＿＿＿＿＿
☐ 雨	＿＿＿＿＿	☐ 雨降りの	＿＿＿＿＿
☐ くもった	＿＿＿＿＿	☐ 雪	＿＿＿＿＿
☐ 風の強い	＿＿＿＿＿	☐ 暑い，熱い	＿＿＿＿＿
☐ 寒い，冷たい	＿＿＿＿＿	☐ すずしい	＿＿＿＿＿
☐ 黒(い)	＿＿＿＿＿	☐ 白(い)	＿＿＿＿＿
☐ 赤(い)	＿＿＿＿＿	☐ 青(い)	＿＿＿＿＿
☐ 緑(の)	＿＿＿＿＿	☐ 黄色(の)	＿＿＿＿＿
☐ 茶色(の)	＿＿＿＿＿	☐ 灰色(の)	＿＿＿＿＿
☐ 日本	＿＿＿＿＿	☐ 日本の	＿＿＿＿＿
☐ アメリカ	＿＿＿＿＿	☐ アメリカの	＿＿＿＿＿
☐ オーストラリア	＿＿＿＿＿	☐ カナダ	＿＿＿＿＿
☐ 中国	＿＿＿＿＿	☐ 中国の	＿＿＿＿＿

4級

☐ 太陽	＿＿＿＿＿	☐ 雲	＿＿＿＿＿
☐ 北	＿＿＿＿＿	☐ 南	＿＿＿＿＿
☐ 東	＿＿＿＿＿	☐ 西	＿＿＿＿＿
☐ フランス	＿＿＿＿＿	☐ フランスの	＿＿＿＿＿
☐ ドイツ	＿＿＿＿＿	☐ ドイツの	＿＿＿＿＿
☐ イタリア	＿＿＿＿＿	☐ イタリアの	＿＿＿＿＿
☐ スペイン	＿＿＿＿＿	☐ スペインの	＿＿＿＿＿
☐ 私はかぜをひいています。		I have a ＿＿＿＿＿.	

17 前置詞のまとめ

in 5級
[in] イン

☐ 前 ある空間について**〜の中に**と言うときに使います。

A cat is in the box.
(ねこが箱の中にいます。)

I'm in Australia now.
(私は今, オーストラリアにいます。)

I live in Tokyo.
(私は東京に住んでいます。)

☐ **〜月に, 〜年に**と言うときも in を使います。

in June (6月に)

in 2024 (2024年に)

in は月・季節・年のように, 範囲のある期間に使います。

☐ **季節**にも in を使います。

in summer (夏に)

☐ **午前・午後**にも in を使います。

in the morning (朝に, 午前中に)

in the afternoon (午後に)

☐ **〜語で**と言うときにも in を使います。

in English (英語で)

3級 ☐ **今から〜たったら, 〜後に**という意味で使われることもあります。次の文は「×1時間以内に戻ります」という意味ではないので注意してください。

I'll be back in an hour.
(私は1時間後に戻ります。)

on 5級

[ɑn] アン

□ 前 **~の上に**などの意味で，接触していることを表します。

A cat is on the table.

（ねこがテーブルの上にいます。）

□ 上だけでなく，側面や下の面に**接触している**ときにも on を使います。

a picture on the wall

（壁にかかっている絵）

□ **曜日と日付**にも on を使います。

on Monday （月曜日に）

on April 2 （4月2日に）

> 月だけのときには in April（4月に）のように in を使うので，使い分けに注意してください。

□ on TV で**テレビで**, on the phone で**電話で**, on the internet で**インターネットで**という意味です。

---

at 5級

[æt] アト

□ 前 （場所を表して）**~のところで [に]**

wait at the door

（ドアのところで待つ）

> in と at はどちらも場所を表しますが，in は広がりのある空間に使い，at は地点に使います。

stay at a hotel

（ホテルに泊まる）

study at school

（学校で勉強する）

> at には「~めがけて」という意味もあり，look at（~を見る，~に目を向ける）の at はこの意味です。

□ 前 （時刻を表して）**~時に**

get up at ten

（10時に起きる）

go to bed at ten thirty

（10時半に寝る）

from 5級

[frʌm] フラム

□ 前 **～から**

an e-mail from Kenta

(健太からのメール)

□ **～出身の**という意味もあります。be 動詞＋ from
～で**～出身です**という意味です。

I'm from Tokyo.

(私は東京出身です。)

□ from A to B で**A から B まで**という意味。

from Kyoto to Nagoya (京都から名古屋まで)

---

to 5級

[tuː] トゥー

□ 前 **～に**

go to the park (公園に行く)

Give it to me. (私にそれをよこしなさい。)

4級 □ to＋動詞の原形で**～するために**などの意味を表します。

I went to the park to play tennis.

(私はテニスをするために公園に行きました。)

---

for 5級

[fɔːr] フォーァ

□ 前 **～のために**

a birthday present for Mika

(美香のための誕生日プレゼント)

What do you have for breakfast?

(あなたは朝食に何を食べますか。)

「電話してくれてありがとう」は，ing 形を使って Thank you for calling. とします。

□ Thank you for ～. で**～をありがとう。**という意味。

Thank you for your e-mail.

(メールをありがとう。)

135

□ <u>～の間</u>という意味で，時間の長さ・期間を表します。

stay at a hotel for three days

（3日間ホテルに滞在する）

wait for three minutes （3分間待つ）

sleep for eight hours （8時間眠る）

of 5級
[əv] アッ

□ 前 **～の**

a member of the soccer team

（サッカーチームのメンバー）

a picture of my family （私の家族の写真）

the name of this flower （この花の名前）

one of my friends （私の友達の1人）

4級 □ 最上級の文で，「3人の中で」のように<u>数を使う</u>ときには of を使います。

Tom is the tallest of the four.

（トムは4人の中でいちばん背が高い。）

最上級の文で，「全員の中で」(of all)や「私たちの中で」(of us)と言うときにも of を使います。

with 5級
[wið] ウィぅ

□ 前 **～といっしょに**

Come with me. （私といっしょに来て。）

□ **～を身につけて**の意味で人や物の特徴を表します。

a girl with long hair （長い髪の女の子）

without 3級
[wiðáut] ウィザウト

□ 前 **～なしで**

We can't live without water.

（私たちは水なしでは生きられません。）

by `5級`

[bai] バイ

by で交通手段を表すときは、bus（バス）、train（電車）、bike（自転車）などに a や the はつけません。

□ 前 **〜によって**

go to school by bus

（バスで学校に行く）

□ **〜のそばに**という意味もあります。

by the window （窓のそばに）

`4級` □ **〜までに**の意味で期限（しめ切り）を表します。

I'll be back by nine o'clock.

（9時までには戻ります。）

`3級` □ 受け身の文で**〜によって**という意味を表します。

This book was written by Higuchi Ichiyo.

（この本は樋口一葉によって書かれました。）

about `5級`

[əbáut] アバウト

□ 前 **〜について**

talk about Kenta （健太について話す）

□ 副 **およそ**という意味もあります。

about 500 people （約500人の人々）

around `5級`

[əráund] アラウンド

□ 前 **〜のまわりに**

travel around the world

（世界中を旅する）

□ **〜ぐらい**（about のくだけた言い方）

He is around thirty. （彼は30歳前後です。）

□ 副 **あちこち、ぐるりと**

walk around （歩きまわる）

before 5級

[bifɔ́ːr] ビフォーァ

□ **前 接 ～の前に**

before dinner （夕食前に）

. . . .

3級 □ **副 以前に**

I've met him before.

（以前，彼に会ったことがあります。）

---

after 5級

[ǽftər] エアッタァ

□ **前 接 ～のあとに**

after dinner （夕食後に）

after school （放課後）

. . . .

4級 □ after that で**そのあと**という意味。

What did you do after that?

（そのあと何をしたのですか。）

---

near 5級

[niər] ニァ

□ **前 ～の近くに**

near my house （私の家の近くに）

He lives near here.

（彼はこの近くに住んでいます。）

---

under 5級

[ʌ́ndər] アンダァ

□ **前 ～の下に**

A cat is under the table.

（ねこがテーブルの下にいます。）

□ **～より下の**という意味もあります。

children under twelve

（12歳未満の子どもたち）

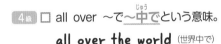

上からおおいかぶさるような感じの
動きを表すのが over です。

over 5級

[óuvər] オウヴァァ

□ 前 ~の上に

jump over the box (箱の上を跳び越える)

□ **~を越えた**という意味もあります。

over 100 years ago (100年よりも前に)

□ over there で**あそこに**という意味。(→ p.94)

4級 □ all over ~で**~中で**という意味。

all over the world (世界中で)

beyond 2級

[bijánd] ビヤーンド

□ 前 ~の向こうに

beyond the mountains (山の向こうに)

as 5級

[æz] アズ

□ 前 ~として

work as a doctor (医師として働く)

4級 □ 接 as ~ as A で**Aと同じくらい~**という意味。

I'm as tall as Kumi.

(私は久美と同じくらいの背の高さです。)

□ not as ~ as A で**Aほど~でない**という意味。

I'm not as tall as Sarah.

(私はサラほど背が高くありません。)

□ as ~ as A can で**Aができるだけ~**という意味。

I ran as fast as I could.

(私はできるだけ速く走りました。)

解答・解説のページはありません。
それぞれの単語を学習したページにもどって，答えを確認しましょう。

5級

- ☐ ～といっしょに _____
- ☐ ～について,およそ _____
- ☐ ～のまわりに _____
- ☐ ～の下に _____
- ☐ ６月に _____ June
- ☐ 月曜日に _____ Monday
- ☐ 10時に起きる　get up _____ ten
- ☐ 私は東京出身です。　I'm _____ Tokyo.
- ☐ メールをありがとう。Thank you _____ your e-mail.
- ☐ この花の名前　the name _____ this flower
- ☐ バスで学校に行く　go to school _____ bus
- ☐ 夕食前に _____ dinner
- ☐ 放課後 _____ school
- ☐ 彼はこの近くに住んでいます。　He lives _____ here.
- ☐ 医師として働く　work _____ a doctor

4級

- ☐ 私はテニスをするために公園に行きました。

  I went _____ the park _____ play tennis.

- ☐ ９時までには戻ります。　I'll be back _____ nine o'clock.

- ☐ 私は久美と同じくらいの背の高さです。

  I'm _____ tall _____ Kumi.

3級

- ☐ この本は樋口一葉によって書かれました。

  This book was written _____ Higuchi Ichiyo.

- ☐ 私たちは水なしでは生きられません。

  We can't live _____ water.

- ☐ 以前，彼に会ったことがあります。　I've met him _____.

18 副詞・接続詞

up 5級
[ʌp] アプ

□ 副 **上へ**

stand up (立ち上がる)

get up (起きる)

□ What's up? は **どうしたの？** という意味。友達ど
うしのくだけたあいさつとしても使われます。

up や down は go up, go down などの
ように動詞とセットで使われます。

down 5級
[daun] ダウン

□ 副 **下へ**

sit down (すわる)

go down to the first floor (1 階に下りる)

turn down the TV
(テレビのボリュームを下げる)

out 5級
[aut] アウト

□ 副 **外へ**

go out (外出する)

off の反対は on です。
turn on the light (明かりをつける)
get on the bus (バスに乗る)

off 5級
[ɔːf] オーフ

□ 副 **はなれて, 切れて**

turn off the light (明かりを消す)

get off the bus (バスを降りる)

take off my shoes (私のくつを脱ぐ)

マイ例文

□

意味:

straight 4級
[streit] ストレイト

□ 副 **まっすぐに**

go straight (まっすぐに行く)

141

ahead 4級

[əhéd] アヘッド

- □ 副 <u>前方に</u>

  go straight ahead (前方にまっすぐ行く)

- □ Go ahead. で<u>どうぞ</u>という意味。「～してもいいですか？」ときかれたときなどに言います。

  Can I use your phone? — Sure. Go ahead.

  (あなたの電話を使ってもいい？ — もちろん。どうぞ。)

---

well 5級

[wel] ウェッ

- □ 副 <u>よく，上手に</u>

  speak English well (上手に英語を話す)

- □ 間 （会話をつなぐことばとして）<u>ええと</u>

  Well, how about next Saturday?

  (ええと，次の土曜日はどうですか。)

good が形容詞（よい，上手な）で，well は副詞（よく，上手に）。She is a good singer.＝She sings well.

4級 □ get well で <u>（体調などが）よくなる</u>の意味。

  She got well. (彼女はよくなりました。)

- □ 比較級・最上級は good と同じく不規則に変化して <u>better，best</u> になります。（→ p.63）

---

ago 4級

[əɡóu] アゴウ

- □ 副 <u>（今から）～前に</u>

  an hour ago (1 時間前に)

  two weeks ago (2 週間前に)

  three years ago (3 年前に)

---

soon 5級

[su:n] スーン

- □ 副 <u>すぐに</u>

  Get well soon. (早くよくなってね。)

  See you soon. (またすぐに会いましょう。)

4級 □ as soon as 〜で**〜するとすぐに**という意味。

As soon as I got home, it began to rain.

(私が家に着くとすぐに雨が降り始めました。)

---

later **5級**
[léitər] レイタァ

□ 副 **あとで**

See you later. (あとで会いましょう。)

call back later (あとで電話をかけ直す)

---

too **5級**
[tu:] トゥー

□ 副 **〜も**

Me, too. は「私もです」と言うときの
決まった言い方です。

I like him. — Me, too. (私は彼が好き。 — 私も。)

．．．．．．．．．．．．．．

4級 □ 副 **〜すぎる**

That's too small. (それは小さすぎます。)

．．．．．．．．．．．．．．

3級 □ too … to 〜で**…すぎて〜できない**の意味。

My father was too sleepy to drive.

(私の父は眠すぎて運転できませんでした。)

---

so **5級**
[sou] ソウ

□ 副 **そんなに，とても** (very と同じように使う)

Thank you so much. (どうもありがとう。)

□ **そう，そのように**という意味もあります。

I think so, too. (私もそう思います。)

．．．．．．．．．．．．．．

4級 □ 接 **だから**

It was raining, so I stayed home.

(雨が降っていたので，私は家にいました。)

．．．．．．．．．．．．．．

3級 □ so 〜 that … で<u>とても〜なので…</u>という意味。

He was so tired that he couldn't move.

（彼はとても疲れていたので動けませんでした。）

---

also 5級
[ɔ́:lsou] オーッソウ

□ 副 **〜もまた**

I like tennis. I also like table tennis.

（私はテニスが好きです。卓球も好きです。）

---

only 5級
[óunli] オウンリ

□ 副 **ただ〜だけ**

I have only ten dollars. （私は10ドルしか
持っていません。）

3級 □ not only A but also B で **A だけでなく B も**
という意味。

He speaks not only English but also French.

（彼は英語だけでなくフランス語も話します。）

---

just 5級
[dʒʌ́st] チャスト

□ 副 **ちょうど**

just then （ちょうどそのとき）

3級 □ 現在完了形の have just ＋過去分詞で<u>ちょうど〜</u>
<u>したところです</u>という意味。

I have just finished my homework.

（私はちょうど宿題を終えたところです。）

---

alone 3級
[əlóun] アロウン

□ 副 **ひとりで（ほかにだれもいなくて）**

live alone （ひとりで暮らしている）

almost 4級
[ɔ́ːlmoust] オーゥモウスト

□ 副 もう少しで，ほとんど
almost every day (ほとんど毎日)
It's almost five. (もうすぐ5時です。)

---

and 5級
[ænd] エァンド

□ 接 A and Bで**A と B，A そして B**という意味。
Kumi and I (久美と私)
I got up and washed my face.
(私は起きて顔を洗いました。)

4級 □ (命令文のあとで) **〜そうすれば…**
Get up early, and you won't be late.
(早く起きなさい，そうすれば遅れないでしょう。)

---

but 5級
[bʌt] バト

□ 接 **しかし**
I like cats, but my mother doesn't.
(私はねこが好きですが，母は好きではありません。)

---

or 5級
[ɔːr] オーァ

□ 接 A or Bで**A か B か，A または B**という意味。
A coffee, please. — Large or small?
(コーヒーを1つください。— サイズはLですかSですか。)

4級 □ 比較級の疑問文でよく使われます。
Which do you like better, math or English?
(数学と英語ではどちらのほうが好きですか。)

□ (命令文のあとで) **〜そうしなければ…**
Hurry up, or you'll be late. (急がないと遅れますよ。)

解答・解説のページはありません。
それぞれの単語を学習したページにもどって，答えを確認しましょう。

5級

□ 下へ ＿＿＿＿＿＿＿＿ □ よく，上手に ＿＿＿＿＿＿＿＿

□ すぐに ＿＿＿＿＿＿＿＿ □ ただ〜だけ ＿＿＿＿＿＿＿＿

□ 〜と…，そして ＿＿＿＿＿＿＿＿ □ しかし ＿＿＿＿＿＿＿＿

□ 起きる　get ＿＿＿＿＿＿＿＿ □ すわる　sit ＿＿＿＿＿＿＿＿

□ 外出する　go ＿＿＿＿＿＿＿＿

□ 明かりを消す　turn ＿＿＿＿＿＿＿＿ the light

□ 私もそう思います。　I think ＿＿＿＿＿＿＿＿, ＿＿＿＿＿＿＿＿.

□ 私はテニスが好きです。卓球も好きです。

　I like tennis. I ＿＿＿＿＿＿＿＿ like table tennis.

4級

□ まっすぐに ＿＿＿＿＿＿＿＿ □ 前方に ＿＿＿＿＿＿＿＿

□ あなたの電話を使ってもいい？ ― もちろん。どうぞ。

　Can I use your phone? ― Sure. Go ＿＿＿＿＿＿＿＿.

□ 1時間前に　an hour ＿＿＿＿＿＿＿＿

□ ほとんど毎日　＿＿＿＿＿＿＿＿ every day

□ 数学と英語ではどちらのほうが好きですか。

　Which do you like better, math ＿＿＿＿＿＿＿＿ English?

3級

□ 私の父は眠すぎて運転できませんでした。

　My father was ＿＿＿＿＿＿＿＿ sleepy to drive.

□ 彼はとても疲れていたので動けませんでした。

　He was ＿＿＿＿＿＿＿＿ tired that he couldn't move.

□ 私はちょうど宿題を終えたところです。

　I have ＿＿＿＿＿＿＿＿ finished my homework.

idea

[aidíːə] アイディーア

□ 名 考え
That's a good idea. (それはいい考えです。)

---

story [5級]

[stɔ́ːri] ストーリィ

□ 名 物語
a funny story (おもしろおかしい話)

□ 複数形は y を ie にかえて stories になります。

---

text [3級]

[tekst] テクスト

□ 名 本文, 文書

> 「教科書」は textbook です。

---

scene [3級]

[siːn] スィーン

□ 名 場面
the last scene (ラストシーン)

---

situation [2級]

[sitʃuéiʃən] スィチュエイション

□ 名 事態, 立場
a difficult situation (困難な立場 [事態])

---

culture [4級]

[kʌ́ltʃər] カッチャァ

□ 名 文化
Japanese culture (日本文化)

---

language [4級]

[lǽŋgwidʒ] レァングウィチ

□ 名 言語
speak three languages (3か国語を話す)

---

sentence [3級]

[séntəns] センテンス

□ 名 文

> 英語は「．？！」までが 1 つの文 (sentence) です。

sign 3級
[sain] サーイン

- 名 記号
- sign language で手話という意味。
- 標識や看板という意味もあります。

Look at that sign. (あの標識を見て。)

cooking 5級
[kúkiŋ] クキング

- 名 料理

I'm good at cooking. (私は料理が得意です。)

shopping 5級
[ʃápiŋ] シャーピング

× go to shopping というまちがいが多いので注意。 to は使いません

- 名 買い物
- go shopping で買い物に行くという意味。

Let's go shopping. (買い物に行こう。)

sale 4級
[seil] セイゥ

- 名 販売, 安売り

on sale (販売中で, セール中で)

ski 5級
[ski:] スキー

- 名 スキー板　動 スキーをする
- go skiing でスキーに行くという意味を表します。

skate 5級
[skeit] スケイト

- 名 スケートぐつ　動 スケートをする
- go skating でスケートに行くという意味。

weekday 3級
[wíːkdei] ウィーックデイ

- 名 平日

weekend 5級
[wíːkend] ウィーケンド

- 名 週末

Do you have any plans for this weekend?

(今週末は何か計画はありますか。)

party 5級
[pá:rti] パーティ

□ 名 <u>パーティー</u>

concert 5級
[kánsə:rt] カーンサ〜ト

□ 名 <u>コンサート</u>
go to a concert (コンサートに行く)

festival 4級
[féstəvəl] フェ스ティヴォゥ

□ 名 <u>祭り</u>
a school festival (文化祭)

crowd 3級
[kraud] クラウド

□ 名 <u>群衆, 人ごみ</u>

corner 5級
[kɔ́:rnər] コーナァ

□ 名 角（かど）
Turn right at the next corner.
(次の角で右に曲がってください。)
a coffee shop on the corner
(角の喫茶店)

line 4級
[lain] ラーイン

□ 名 <u>線</u>
draw a line (線を引く)
□ <u>電車の路線</u>という意味もあります。
the Chuo Line (中央線)

row 準2級
[rou] ロゥ

□ 名 <u>列</u>
the front row
（〈映画館などの〉最前列）

> 横に並んだ列をさすことが多い。縦
> の列は line です。

course 5級

[kɔːrs] コース

- 名 進路, コース
- of course で当然, もちろんという意味。

Do you know that boy? — Of course.

(あの少年を知っていますか。 — もちろん。)

---

floor 5級

[flɔːr] フローァ

- 名 床
ゆか

sit on the floor (床にすわる)

- 階という意味もあります。

the first floor (1階)

the second floor (2階)

> イギリス英語では, 1階を the ground floor, 2階を the first floor と言います。

---

wall 5級

[wɔːl] ウォーゥ

- 名 壁

a clock on the wall

(壁にかかっている時計)

---

garage 3級

[ɡərάːʒ] ガラージ

- 名 ガレージ, 車庫

---

glass 5級

[ɡlǽs] グレァス

- 名 ガラス, コップ
- a glass of ～でコップ1杯の～という意味。

a glass of water (コップ1杯の水)

- 複数形の glasses でめがねという意味もあります。

(→ p.60)

She wears glasses.

(彼女はめがねをかけています。)

cup `5級`

[kʌp] カップ

- □ 名 **カップ**
- □ a cup of ～で**カップ 1 杯の～**の意味。

  a cup of tea (1 杯の紅茶)

---

dish `4級`

[diʃ] ディッシュ

- □ 名 **皿**

  wash the dishes (皿を洗う)

- □ **料理**という意味でもよく使われます。

  Japanese dishes (日本料理)

---

plate `5級`

[pleit] プレイト

- □ 名 **（平たい）皿**
- □ **板**という意味もあります。

menu `4級`

[ménju:] メニュー

- □ 名 **メニュー**

  May I see a menu? (メニューを見てもいいですか。)

つづりに注意。s は 2 つです。

---

dessert `5級`

[dezə́:rt] デザ〜ト

- □ 名 **デザート**

---

cafeteria `5級`

[kæfətíəriə] キャフェティァリア

- □ 名 **カフェテリア**，（学校の）**食堂**

---

ice `5級`

[ais] アイス

- □ 名 **氷**

---

toy `4級`

[tɔi] トーイ

- □ 名 **おもちゃ**

battery 準2級
[bǽtəri] ベァテリ

□ 名 <u>電池</u>
The battery is dead. （電池が切れています。）

robot 3級
[róubɑt] ロウバト

□ 名 <u>ロボット</u>

発音は「ロウ」のように二重母音になることに注意。

magazine 5級
[mǽgəzi:n] メァガズィーン

□ 名 <u>雑誌</u>
a fashion magazine （ファッション雑誌）

article 準2級
[á:rtikl] アーティコゥ

□ 名 <u>記事</u>

comic 5級
[kάmik] カーミク

□ 名 <u>まんが</u>
a comic book
（まんが本）

novel 準2級
[nάvəl] ナーヴェゥ

□ 名 <u>小説</u>
write a novel （小説を書く）

key 5級
[ki:] キー

□ 名 <u>かぎ</u>
a house key （家のかぎ）

hole 3級
[houl] ホウゥ

□ 名 <u>穴</u>

pocket 5級
[pάkit] パーケッ

□ 名 <u>ポケット</u>

son 4級 | □ 名 息子

[sʌn] サン

 太陽の sun とまったく同じ発音です。

---

daughter 4級 | □ 名 娘

[dɔ́:tər] ドータァ

---

baby 5級 | □ 名 赤ちゃん

[béibi] ベイビ

□ 複数形は y を ie にかえて **babies**。

---

job 5級 | □ 名 仕事

[dʒab] チャーブ

□ Good job. で**よくできました**という意味。

---

doctor 5級 | □ 名 医師

[dáktər] ダークタァ

 医師や博士には，Mr. や Ms. のかわりに Dr.（Doctor）という敬称をつけます。

see a doctor（医師に診てもらう〈診察を受ける〉）

---

nurse 5級 | □ 名 看護師

[nə:rs] ナ〜ス

---

patient 準2級 | □ 名 患者

[péiʃənt] ペイシェント

□ 形 **がまん強い**という意味もあります。

---

police 5級 | □ 名 警察

[pəlí:s] ポリース

a police station（警察署）

---

volunteer 4級 | □ 名 ボランティア

[vɑləntíər] ヴァランティアァ

 後ろにアクセントがあることに注意。

work as a volunteer（ボランティアとして働く）

153

確認テスト

解答・解説のページはありません。
それぞれの単語を学習したページにもどって，答えを確認しましょう。

5級

☐ 考え _____ ☐ 物語 _____

☐ 料理 _____ ☐ スキーをする _____

☐ スケートをする _____ ☐ パーティー _____

☐ コンサート _____ ☐ 床 _____

☐ 壁 _____ ☐ ガラス, コップ _____

☐ 進路, コース _____ ☐ 氷 _____

☐ デザート _____ ☐ 雑誌 _____

☐ まんが _____ ☐ かぎ _____

☐ 赤ちゃん _____ ☐ 医師 _____

☐ 看護師 _____ ☐ 警察 _____

☐ 買い物に行く   go _____

☐ 今週末は何か計画はありますか。

Do you have any plans for this _____ ?

☐ 次の角で右に曲がってください。   Turn right at the next _____.

☐ もちろん。   Of _____.

☐ カップ1杯の紅茶   a _____ of tea

☐ よくできました。   Good _____.

4級

☐ 文化 _____ ☐ 祭り _____

☐ 息子 _____ ☐ 娘 _____

☐ 線 _____ ☐ ボランティア _____

☐ 3か国語を話す   speak three _____

☐ 皿を洗う   wash the _____

20　基本動詞④

teach 5級

[tiːtʃ] ティーチ

□ 動 **教える**

teach English (英語を教える)

4級 □ 過去形は <u>taught</u>（発音は [tɔːt] トー）

□ teach A B で **A に B を教える**という意味。

teach us math (私たちに数学を教える)

□ 道順や名前などの情報を「教える（伝える）」と言うときは teach ではなく <u>tell</u> を使います。

「駅までの道を教えてもらえますか。」→○ Can you tell (× teach) me the way to the station?

try 5級

[trai] トライ

try は「努力してやってみる」という意味。I'll try. で「がんばってやってみます。」という意味です。

□ 動 **やってみる**

try again (もう一度やってみる)

□ **食べてみる**という意味でも使われます。

try tempura (てんぷらを食べてみる)

□ 3単現は y を ie にかえて <u>tries</u> になります。

4級 □ 過去形は y を i にかえて <u>tried</u> になります。

□ try to ~で**~しようとする**という意味。

I tried to open the door, but I couldn't.

（ドアを開けようとしましたが，できませんでした。）

□ try on で**試着する**という意味。

May I try this on?

（これを試着してもいいですか。）

20

基本動詞④

155

call 5級

[kɔːl] コーゥ

□ **動 呼ぶ，電話する**

She calls him every day.

(彼女は毎日彼に電話します。)

3級 □ call A B で **A を B と呼ぶ**という意味。

Please call me Ken. (私をケンと呼んでください。)

---

say 5級

[sei] セイ

□ **動 言う**

Can you say that again?

(もう一度言ってくれる？)

□ 3単現は <u>says</u> （発音は×[セイズ]ではなく [sez] セズ）

□ 手紙や看板などを主語にすると，**書いてある**という意味になります。

This letter says he's fine.

(この手紙には，彼は元気だと書いてあります。)

□ say hello to ～で**～によろしくと言う**という意味。

Please say hello to your mother.

(お母さんによろしく言ってください。)

> say hello to ～のかわりに say hi to ～と言うこともあります（よりくだけた言い方です）。

4級 □ 過去形は <u>said</u> （発音は [sed] セド）

He said, "I like tennis."

(彼は「私はテニスが好きです」と言いました。)

□ said that ～で**～と言いました**という意味。この that はよく省略されます。

She said (that) she was busy.

(彼女は忙しいと言いました。)

ask 5級

[æsk] エアスク

ask for 〜で〜を頼む, 求めるという意味になります。ask for helpは「助けを求める」の意味です。

□ **動** たずねる

ask a question (質問をする)

4級 □ ask のあとに文を続けることもあります。

She asked, "Who is he?"

(彼女は「彼はだれ？」とたずねました。)

3級 □ ask には**頼む**という意味もあり，ask A to 〜で**Aに〜するように頼む**という意味になります。

I asked him to speak slowly.

(私は彼にゆっくり話すように頼みました。)

think 5級

[θiŋk] スインク

□ **動** 考える, 思う

I don't think so. (私はそうは思いません。)

What do you think?

(あなたはどう思いますか。)

4級 □ 過去形は **thought** (発音は [θɔːt] ソート)

□ I think that 〜. で**私は〜だと思います**という意味。この that はよく省略されます。

I think (that) it will rain tomorrow.

(明日は雨が降ると思います。)

□ think about 〜または think of 〜で**〜について考える**という意味です。

What do you think of him?

(彼のことをどう思いますか。)

catch 5級
[kætʃ] キャーチ

- **動** つかまえる
  catch fish （魚をとる）

・・・・・・・・・・・・・・・・・・・・・・・・・・・・・・・・

4級 □ 過去形は <u>caught</u>（発音は [kɔːt] コー）
  We caught a lot of fish.
  （私たちはたくさんの魚をつかまえました。）

---

miss 3級
[mis] ミス

- **動** のがす
  I missed the bus.
  （バスに乗り遅れました。）

- <u>〜がいなくてさびしく思う</u>という意味もあります。
  I miss him.
  （私は彼がいなくてさびしく思います。）

---

touch 4級
[tʌtʃ] タッチ

- **動** さわる
  touch my nose （鼻をさわる）

- **名** keep in touch で<u>連絡を取り合う</u>。
  Let's keep in touch. （連絡を取り合いましょう。）

---

push 3級
[puʃ] プッシュ

- **動** <u>押す</u>
  push the button
  （ボタンを押す）

---

pull 3級
[pul] プゥ

- **動** <u>引く</u>

spend 3級

[spend] スペンド

- 動 （お金を）使う

  spend a lot of money (たくさんのお金を使う)

- （時を）過ごすという意味でもよく使います。

  How do you spend your weekends?

  (あなたは週末をどのように過ごしていますか。)

- 過去形は spent （発音は [spent] スペント）

---

join 4級

[dʒɔin] ヂョーイン

- 動 加わる, 参加する

  join the soccer team (サッカーチームに入る)

  Why don't you join us?

  (私たち (の仲間) に加わりませんか。)

 マイ例文 ☐

意味：

---

hurry 4級

[há:ri] ハーリ

- 動 急ぐ

  Hurry up. (急ぎなさい。)

- 3単現は y を ie にかえて **hurries** になります。

- 過去形は y を i にかえて **hurried** です。

---

change 4級

[tʃeindʒ] チェインヂ

- 動 変える

  change trains (電車を乗りかえる)

  change clothes (着替える)

- 名 おつりという意味もあります。

  Here's your change. (はい, おつりです。)

put 5級
[put] プット

- **動** 置く

  put a glass on the table

  (コップをテーブルに置く)

- ing 形は，最後の t を重ねて <u>putting</u> になります。

....

4級 □ put on 〜で〜を着る，身につけるという意味。

put on a baseball cap (野球帽をかぶる)

□ 過去形は <u>put</u> （原形と同じ形）

---

turn 4級
[tə:rn] タ〜ン

- **動** （左右に）曲がる

  Go straight and turn right.

  (まっすぐ行って右に曲がりなさい。)

- **名** 順番という意味もあります。

  It's your turn. (あなたの番ですよ。)

....

3級 □ turn on/off で（スイッチを）入れる / 切る

turn off the TV

(テレビを消す)

> 「それを消す」と言うときは <u>turn it off</u> という語順になります。

□ turn up/down で（ボリュームを）上げる / 下げる

turn down the TV (テレビの音を下げる)

---

hold 4級
[hould] ホウ_{ルド}

- **動** （手に）持つ，支える

  hold a camera (カメラを手に持つ(構える))

- hold on で電話を切らずに待つという意味。

  Can I speak to Eric? — Hold on, please.

  (エリックと話せますか。— お待ちください。)

□ 過去形は **held**（発音は [held] ヘッド）

3級 □ be held で（会などが）**開催される**という意味。

The party was held last week.

（そのパーティーは先週開かれました。）

---

thank 5級

[θæŋk] セァンク

□ 動 **感謝する**

Thank you. / Thanks.（ありがとう。）

4級 □ Thank you for ～. で**～をありがとう**という意味。

Thank you for calling.

（電話をくれてありがとう。）

> Thank you for のあとに動詞がくるときは ing 形（動名詞）になります。

---

do 5級

[du:] ドゥー

□ 動 （宿題などを）**する**

do my homework（宿題をする）

□ 3単現は **does**（発音は [dʌz] ダズ）

> Do you ～? や do not ～の do が助動詞で、do my homework と言うときの do が動詞です。

4級 □ do の過去形は **did**（発音は [did] ディド）

3級 □ 過去分詞は **done**（発音は [dʌn] ダン）

---

let 5級

[let] レット

□ 動 Let's ～. で**～しましょう**

Let's play baseball.（野球をしましょう。）

3級 □ Let 人＋動詞の原形で**(人)に～させる**という意味

になります。

Let me try.（私にやらせて。）

> Let's see. / Let me see. は「ええと」という意味。つなぎ言葉として使います。

20

基本動詞④

確認テスト

解答・解説のページはありません。
それぞれの単語を学習したページにもどって、答えを確認しましょう。

5級

□ 教える ＿＿＿＿＿＿＿＿ □ 呼ぶ，電話する ＿＿＿＿＿＿＿＿

□ たずねる ＿＿＿＿＿＿＿＿ □ つかまえる ＿＿＿＿＿＿＿＿

□ もう一度言ってくれる？　Can you ＿＿＿＿＿＿＿ that again?

□ 宿題をする ＿＿＿＿＿＿＿ my homework

□ 野球をしましょう。 ＿＿＿＿＿＿＿ play baseball.

4級

□ 加わる ＿＿＿＿＿＿＿＿ □ 変える ＿＿＿＿＿＿＿＿

□ これを試着してもいいですか。　May I ＿＿＿＿＿＿＿ this on?

□ 明日は雨が降ると思います。　I ＿＿＿＿＿＿＿ it will rain tomorrow.

□ 野球帽をかぶる ＿＿＿＿＿＿＿ on a baseball cap

□ まっすぐ行って右に曲がりなさい。

　Go straight and ＿＿＿＿＿＿＿ right.

□ エリックと話せますか。― お待ちください。

　Can I speak to Eric? ― ＿＿＿＿＿＿＿ on, please.

□ 電話をくれてありがとう。 ＿＿＿＿＿＿＿ you for calling.

3級

□ 押す ＿＿＿＿＿＿＿＿ □ (お金を)使う ＿＿＿＿＿＿＿＿

□ 私をケンと呼んでください。　Please ＿＿＿＿＿＿＿ me Ken.

□ 私は彼にゆっくり話すように頼みました。

　I ＿＿＿＿＿＿＿ him to speak slowly.

□ そのパーティーは先週開かれました。

　The party was ＿＿＿＿＿＿＿ last week.

few 5級

[fju:] フュー

□ 形 a few で<u>少しの（少数の）</u>

a few boys (少数の男の子たち)

a few days later (2, 3日後)

□ a few は数えられる名詞の複数形にだけ使います。
water（水）や money（お金）などの数えられない
名詞には, a few ではなく <u>a little</u> を使います。

「少しの水」

aがつかない few は「ほとんどない」
という意味。I have few friends.
(ほとんど友達がいません。)

× a few water ○ a little water

「少しのお金」

× a few money ○ a little money

✐ マイ例文 □

意味：

- -

little 5級

[lítl] リトゥ

□ 形 <u>小さい</u>

a little boy (小さい男の子)

□ a little で<u>少しの（少量の）</u> という意味で, 数え
られない名詞にだけ使います。

a little money

(少しのお金)

I can speak a little French.

(私は少しのフランス語が話せます。)

aがつかない little は「ほとんど
ない」 という意味。I have little
time. (ほとんど時間がありません。)

□ 比較級は <u>less</u> （発音は [les] レス）

□ 最上級は <u>least</u> （発音は [li:st] リースト）

- -

more 4級

[mɔːr] モーァ

big などふつうの語の比較級は more は使いません。×more big や×more bigger ではなく bigger となります。

□ 形 **もっと多くの** (many, much の比較級)

She has more books than Ken.

(彼女は健より多くの本を持っています。)

□ 副 interesting や difficult など，一部の語の<u>比較級</u>をつくるときに使います。

more interesting (もっとおもしろい)

□ more than 〜で<u>〜よりも多い</u>という意味。

more than five years

(5年を超えて)

□ 代 **もっと多くのもの**という意味でも使います。

Would you like some more?

(もっといかがですか。)

---

less 3級

[les] レス

□ 形 **より少ない** (more の反対語)

□ less than 〜で<u>〜未満</u>という意味。

less than 100 meters (100メートル未満)

---

most 4級

[moust] モウスト

□ 形 **大部分の**

most students (大部分の生徒)

□ 副 interesting や difficult など，一部の語の<u>最上級</u>をつくるときに使います。

the most interesting book

(もっともおもしろい本)

---

several 3級

[sévrəl] セヴラゥ

□ 形 **いくつかの**

□ several times で<u>何度か</u>という意味。

164

full 4級
[ful] フ_ル

□ 形 <u>いっぱいの</u>
□ be full of ～で<u>～でいっぱいだ</u>という意味。

The hall was full of young people.

（ホールは若い人たちでいっぱいでした。）

□ <u>満腹な</u>という意味もあります。

I'm full. （おなかがいっぱいです。）

---

half 4級
[hæf] ヘァ_フ

□ 名 形 <u>半分(の)</u>

the first half （前半）

for half an hour

（30分間）

---

quarter 2級
[kwɔ́ːrtər] クウォータァ

□ 名 <u>4分の1</u>

three quarters （4分の3）

---

empty 準2級
[émpti] エンプティ

□ 形 <u>空の</u>

an empty glass

（空っぽのコップ）

---

enough 3級
[ináf] イナフ

〈形容詞＋enough〉の形で使われる
こともあります。good enough（十分に
よい）, easy enough（十分に簡単な）

□ 形 <u>十分な</u>
□ enough … to ～で<u>～するのに十分な</u>…という

意味になります。

I don't have enough time to finish it.

（それを終えるのに十分な時間がありません。）

165

own 4級
[oun] オウン

- □ 形 自分自身の
- □ my own（私自身の）, your own（あなた自身の）, his own（彼自身の）のように使います。

  her own room（彼女自身の部屋）

---

sure 5級
[ʃuər] シュアァ

- □ 副 （返事で）もちろん

  Can you help me? — Sure.

  （手伝ってくれる？ — もちろん。）

  ⋯⋯⋯⋯⋯⋯⋯⋯⋯⋯⋯⋯⋯⋯⋯⋯

  4級 □ 形 確信して

  I'm sure he's right.

  （彼はきっと正しいと思います。）

  I'm not sure.（よくわかりません。）

---

welcome 5級
[wélkəm] ウェッカム

- □ 形 歓迎される 間 ようこそ

  Welcome to our school!

  （私たちの学校にようこそ！）

- □ You're welcome. でどういたしましてという意味（Thank you. に対する応じ方）。

---

dear 4級
[diər] ディアァ

- □ 形 （手紙の書き出しで）親愛なる（〜様）

  Dear Mika,（親愛なるミカへ）

---

born 3級
[bɔːrn] ボーン

- □ 形 be born で生まれる

  I was born in Chiba.

  （私は千葉で生まれました。）

> born は本来「生む」という意味の
> 動詞 bear の過去分詞。

166

I'm glad は I'm happy よりもややかたい, ていねいな感じの言い方で, 感謝を表すときなどによく使います。

glad 4級

[glǽd] グレァッド

□ 形 **うれしい**

I'm glad you like it.

(気に入ってくれてうれしいです。)

3級 □ be glad to ～で**～してうれしい**という意味。

I'm glad to hear that. (それを聞いてうれしいです。)

sorry 5級

[sɔ́:ri] ソーリ

□ 形 **すまなく思って**

I'm sorry I'm late. (遅れてすみません。)

□ I'm sorry. (すみません。) には, That's all right.
(大丈夫です。) などと応じます。

3級 □ **気の毒に思う**という意味もあります。

I'm sorry to hear that.

(それを聞いて気の毒に [残念に] 思います。)

lucky 4級

[lʌ́ki] ラキ

□ 形 **幸運な**

□ 比較級は y を i にかえて <u>luckier</u>。

□ 最上級は y を i にかえて <u>luckiest</u>。

friendly 3級

[fréndli] フレンドリィ

□ 形 <u>友好的な, 気さくな</u>

pretty 5級

[príti] プリティ

□ 形 <u>きれいな, かわいらしい</u>

□ 比較級は y を i にかえて <u>prettier</u>。

□ 最上級は y を i にかえて <u>prettiest</u>。

wonderful 4級

[wʌ́ndərfl] ワンダフォ

- □ 形 すばらしい
  a wonderful movie (すばらしい映画)

angry 4級

[ǽŋgri] エァングリ

- □ 形 (かんかんに) 怒った
  Don't be angry. (怒らないで。)
- □ get angry で<u>怒る</u>という意味です。

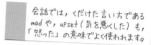

会話では，くだけた言い方である mad や，upset (気を悪くした) も，「怒った」の意味でよく使われます。

afraid 3級

[əfréid] アフレイド

- □ 形 こわがって
  Don't be afraid. (こわがらないで。)
- □ be afraid of ～で<u>～をこわがる</u>という意味。
  Don't be afraid of making mistakes.
  (まちがえることをこわがらないで。)
- □ I'm afraid ～. で<u>残念ながら～</u>という意味で，言いにくいことを伝えるときなどに使います。
  I'm afraid I can't help you.
  (残念ながらお手伝いできません。)

proud 準2級

[praud] プラーウド

- □ 形 be proud of ～で<u>～を誇りに思っている</u>
  I'm proud of my job.
  (私は自分の仕事を誇りに思っています。)

sick 5級
[sik] スィック

□ 形 病気の

help sick people （病気の人々を助ける）

□ be sick in bed で病気で寝ているという意味。

I was sick in bed.

（私は病気で寝ていました。）

---

nervous 3級
[nə́ːrvəs] ナ〜ヴァス

□ 形 不安になっている，緊張している

I was very nervous then.

（私はその時とても不安でした（緊張していました）。）

---

shy 3級
[ʃai] シャーイ

□ 形 はずかしがりの

Don't be shy. （はずかしがらないで。）

---

lonely 準2級
[lóunli] ロウンリ

□ 形 さびしい

---

ready 5級
[rédi] レディ

□ 形 準備ができた

Are you ready? （用意はいいですか。）

□ be ready for ～で～の用意ができている

□ be ready to ～で～する用意ができている

Are you ready to order?

（ご注文の用意はできましたか。）

---

foreign 3級
[fɔ́ːrin] フォーリン

例外的な発音なので注意。

□ 形 外国の

a foreign country （外国）

a foreign language （外国語）

確認テスト

5級

- ☐ かわいらしい ＿＿＿＿＿＿＿ ☐ 病気の ＿＿＿＿＿＿＿
- ☐ 少数の男の子たち a ＿＿＿＿＿＿＿ boys
- ☐ 少しのお金 a ＿＿＿＿＿＿＿ money
- ☐ 手伝ってくれる？ — もちろん。 Can you help me? — ＿＿＿＿＿＿＿.
- ☐ どういたしまして。 You're ＿＿＿＿＿＿＿.
- ☐ 遅れてすみません。 I'm ＿＿＿＿＿＿＿ I'm late.
- ☐ 用意はいいですか。 Are you ＿＿＿＿＿＿＿?

4級

- ☐ すばらしい ＿＿＿＿＿＿＿ ☐ 幸運な ＿＿＿＿＿＿＿
- ☐ 彼女は健より多くの本を持っています。

  She has ＿＿＿＿＿＿＿ books than Ken.
- ☐ もっともおもしろい本 the ＿＿＿＿＿＿＿ interesting book
- ☐ おなかがいっぱいです。 I'm ＿＿＿＿＿＿＿.
- ☐ 怒る get ＿＿＿＿＿＿＿
- ☐ 私は自分の仕事を誇りに思っています。

  I'm ＿＿＿＿＿＿＿ of my job.

3級

- ☐ いくつかの ＿＿＿＿＿＿＿ ☐ 友好的な ＿＿＿＿＿＿＿
- ☐ はずかしがりの ＿＿＿＿＿＿＿ ☐ 外国の ＿＿＿＿＿＿＿
- ☐ それを終えるのに十分な時間がありません。

  I don't have ＿＿＿＿＿＿＿ time to finish it.
- ☐ 私は千葉で生まれました。 I was ＿＿＿＿＿＿＿ in Chiba.
- ☐ 私はそれを聞いてうれしいです。 I'm ＿＿＿＿＿＿＿ to hear that.
- ☐ こわがらないで。 Don't be ＿＿＿＿＿＿＿.

22 基本動詞⑤

laugh 3級

[læf] レアフ

□ 動 (声を出して) 笑う

🖉 マイ例文 □

意味:

> 声を出してアハハと笑うのが laugh で，声を出さずに笑顔になるのが smile です。

smile 5級

[smail] スマイゥ

□ 動 ほほえむ

□ 名 ほほえみ

with a smile (ほほえんで)

🖉 マイ例文 □

意味:

cry 3級

[krai] クライ

□ 動 泣く，さけぶ

A baby is crying. (赤ちゃんが泣いています。)

□ 3単現は y を ie にかえて **cries** です。

□ 過去形は y を i にかえて **cried** になります。

🖉 マイ例文 □

意味:

> sleep は「眠る」という状態を表します。「寝る」「床につく」は go to bed を使います。

sleep 5級

[sli:p] スリープ

□ 動 眠る

sleep for eight hours (8時間眠る)

□ 過去形は **slept** (発音は [slept] スレプ)

🖉 マイ例文 □

意味:

find 5級

[faind] ファーインド

- □ 動 **見つける**

  find an answer (答えを見つける)

- □ 過去形は <u>found</u> （発音は [faund] ファウンド）

- ✏ マイ例文 □

  意味：

3級 □ find out で**見つけ出す**，**～だとわかる**という意味。

Let's find out who did this.

（だれがこれをやったのか見つけ出しましょう。）

□ find A B で **A が B だとわかる**という意味。

I found the book interesting.

（私はその本がおもしろいとわかりました。）

---

throw 4級

[θrou] スロウ

- □ 動 **投げる**

- □ throw away で**捨てる**という意味。

  throw it away (それを捨てる)

- □ 過去形は <u>threw</u> （発音は [θru:] スルー）

3級 □ 過去分詞は <u>thrown</u> （発音は [θroun] スロウン）

---

cut 4級

[kʌt] カット

- □ 動 **切る**

- □ cut down で**切り倒す**という意味。

  cut down a tree (木を切り倒す)

- □ 過去形は <u>cut</u> （原形と同じ）

3級 □ 過去分詞は <u>cut</u> （原形と同じ）

172

paint 4級

[peint] ペイント

□ 動 **ペンキを塗る**

paint a wall (壁にペンキを塗る)

□ (絵の具で絵を) **描く**という意味もあります。

paint a picture (絵を描く)

 □

意味：

 paintは色を塗る感じの「描く」で、drawは線を引く感じの「描く」です。

---

draw 4級

[drɔː] ドロー

□ 動 (線を) **引く**

draw a line (線を引く)

□ (ペンで絵や図を) **描く**という意味もあります。

draw a map (地図を描く)

□ 過去形は **drew** (発音は [druː] ドルー)

3級 □ 過去分詞は **drawn** (発音は [drɔːn] ドローン)

---

build 4級

[bild] ビッド

□ 動 **建てる**

build a house (家を建てる)

□ 過去形は **built** (発音は [bilt] ビッ)

3級 □ 過去分詞は **built** (過去形と同じ)。「建てられた」という受け身の文でよく使われます。

This temple was built 700 years ago.

(この寺は 700 年前に建てられました。)

 □

意味：

break 4級

[breik] ブレイク

- □ 動 **こわす**
- □ 過去形は <u>broke</u> （発音は [brouk] ブロウク）

  I broke my leg.

  (私は足を骨折しました。)

- □ 名 **休けい**という意味もあります。
- □ take a break で**休けいする**という意味。

 マイ例文

□ _____

意味:

- 3級 □ 過去分詞は <u>broken</u> （発音は [bróukən] ブロウクン）

  broken は, **こわれた**という意味の形容詞としても

  使います。

  a broken window (割れた窓)

  My bike is broken.

  (私の自転車はこわれています。)

---

begin 5級

[bigín] ビギン

- □ 動 **始める, 始まる**
- □ ing 形は最後の n を重ねて <u>beginning</u> になります。
- □ 過去形は <u>began</u> （発音は [bigǽn] ビギャン）
- □ begin to ～ または begin ～ing で**～し始める**

  という意味です。

  It began to rain. (雨が降り始めました。)

> begin は「始める, 始まる」とい
> う意味で start (→ p.39) とほ
> ぼ同じように使われます。

- 3級 □ 過去分詞は <u>begun</u> （発音は [bigʌ́n] ビガン）

  The concert has already begun.

  (コンサートはもう始まっています。)

finish 4級

[fíniʃ] フィニッシュ

- □ 動 **終える，終わる**
- □ 3単現は es をつけて **finishes** となります。
- □ finish ～ing で**～し終える**という意味です。

  I've finished reading this book.

  (私はこの本を読み終わりました。)

---

stop 5級

[stɑp] スターブ

- □ 動 **止まる，止める**
- □ stop ～ing で**～するのをやめる**という意味です。

  Stop talking. (話すのをやめなさい。)

- □ ing 形は最後の p を重ねて **stopping**。
- □ 過去形は最後の p を重ねて **stopped**。

---

jump 5級

[dʒʌmp] チャンプ

- □ 動 **跳ぶ，ジャンプする**

---

kick 3級

[kik] キッ

- □ 動 **ける** 名 **キック**

  kick a ball (ボールをける)

---

fly 5級

[flai] フラーイ

- □ 動 **飛ぶ，飛行機で行く**

  fly in the sky (空を飛ぶ)

- □ 3単現は y を ie にかえて **flies**。
- □ 過去形は **flew** (発音は [fluː] フルー)

- 3級 □ 過去分詞は **flown** (発音は [floun] フロウン)

---

ride 4級

[raid] ラーイド

- □ 動 **乗る**

  ride a bike

  (自転車[オートバイ]に乗る)

- □ 過去形は **rode** (発音は [roud] ロウド)

---

climb 4級

[klaim] クラーイム

- □ 動 **登る**

  climb a mountain (山に登る)

> climb の b は発音しません。

- □ ✏️ マイ例文

  意味：

---

win 4級

[win] ウィン

- □ 動 **勝つ**

  win the game (試合に勝つ)

- □ **勝ち取る**という意味もあります。

  win first prize (1 等を取る)

- □ 過去形は **won** (発音は one と同じ [wʌn] ワン)

---

lose 4級

[lu:z] ルーズ

- □ 動 **失う**

  lose money (お金をなくす)

- □ **負ける**という意味もあります。

  lose the game (試合に負ける)

- □ 過去形は **lost** (発音は [lɔːst] ロースト)

......

3級 □ 過去分詞は **lost** (過去形と同じ)

I've lost my bag. (私はかばんをなくしました。)

176

buy

[bai] バーイ

- □ 動 **買う**

  buy a book (本を買う)

- □ 過去形は **bought** (発音は [bɔːt] ボート)

- □ buy A B で **A に B を買う**という意味です。

  My father bought me a bike.

  (父は私に自転車を買ってくれました。)

3級 □ 過去分詞は **bought** (過去形と同じ)

---

sell 4級

[sel] セッ

- □ 動 **売る**

  sell old books (古い本を売る)

- □ 過去形は **sold** (発音は [sould] ソウッド)

3級 □ 過去分詞は **sold** (過去形と同じ)

---

borrow 4級

[bárou] バーロウ

> borrow は持ち運びできるものを無料で借りるときに使います。トイレなどを借りるときは use を使います。

- □ 動 **借りる**

  Can I borrow your pen?

  (あなたのペンを借りてもいい？)

 マイ例文 □

意味：

---

lend 4級

[lend] レンド

- □ 動 **貸す**

- □ 過去形は **lent** (発音は [lent] レント)

- □ lend A B で **A に B を貸す**という意味です。

  Can you lend me this book?

  (この本を貸してくれますか。)

177

確認テスト

それぞれの単語を学習したページにもどって，答えを確認しましょう。

解答・解説のページはありません。
それぞれの単語を学習したページにもどって，答えを確認しましょう。

5級

☐ 眠る ＿＿＿＿＿＿＿＿　　☐ 見つける ＿＿＿＿＿＿＿＿

☐ 始める, 始まる ＿＿＿＿＿＿＿＿　　☐ 跳ぶ, ジャンプする ＿＿＿＿＿＿＿＿

4級

☐ 投げる ＿＿＿＿＿＿＿＿　　☐ 切る ＿＿＿＿＿＿＿＿

☐ (絵の具で)描く ＿＿＿＿＿＿＿＿　　☐ (ペンで図を)描く ＿＿＿＿＿＿＿＿

☐ 建てる ＿＿＿＿＿＿＿＿　　☐ こわす ＿＿＿＿＿＿＿＿

☐ 勝つ ＿＿＿＿＿＿＿＿　　☐ 失う, 負ける ＿＿＿＿＿＿＿＿

☐ 借りる ＿＿＿＿＿＿＿＿　　☐ 売る ＿＿＿＿＿＿＿＿

☐ 私はこの本を読み終わりました。

I've ＿＿＿＿＿＿＿＿ reading this book.

☐ 自転車に乗る ＿＿＿＿＿＿＿＿ a bike

3級

☐ 笑う ＿＿＿＿＿＿＿＿　　☐ 泣く, さけぶ ＿＿＿＿＿＿＿＿

☐ 私はその本がおもしろいとわかりました。

I ＿＿＿＿＿＿＿＿ the book interesting.

☐ この寺は 700 年前に建てられました。

This temple was ＿＿＿＿＿＿＿＿ 700 years ago.

☐ 割れた窓　　a ＿＿＿＿＿＿＿＿ window

☐ コンサートはもう始まっています。

The concert has already ＿＿＿＿＿＿＿＿.

word 4級
[wə:rd] ワ〜ド

□ 名 **単語**
English words (英語の単語)
□ **言葉**という意味もあります。
his words (彼の言葉)

problem 4級
[prɑ́bləm] プラーブレム

□ 名 **問題**
No problem. (問題ありません。／ 大丈夫。)

chance 4級
[tʃæns] チェアンス

□ 名 **機会**
have a chance to 〜 (〜する機会がある)

future 4級
[fjúːtʃər] フューチァァ

□ 名 **将来**
in the future (将来，未来に)

dream 4級
[driːm] ドリーム

□ 名 **夢**
I have a dream. (私には夢があります。)

talent 2級
[tǽlənt] タレント

□ 名 **才能**

> talented は「才能のある」という意味です。

hobby 4級
[hɑ́bi] ハービ

> 英語では，テレビ・映画を見ることや音楽鑑賞はふつう hobby とは言いません。

□ 名 **趣味**
□ 複数形は y を ie にかえて <u>hobbies</u>。
My hobby is painting pictures.
(私の趣味は絵を描くことです。)

「サッカー部」「野球部」などの運動部は soccer team, baseball team のように team をよく使います。

club 5級
[klʌb] クラブ

- □ 名 <u>クラブ</u>, <u>部</u>

  I'm in the art club at school.

  （私は学校の美術部に入っています。）

---

activity 4級
[æktívəti] エァクティヴィティ

- □ 名 <u>活動</u>
- □ 複数形は y を ie にして <u>activities</u> となります。

  club activities （クラブ活動）

  volunteer activities （ボランティア活動）

---

runner 4級
[rʌ́nər] ラナァ

- □ 名 <u>ランナー</u>, <u>走る人</u>

  a fast runner （走るのが速い人）

---

art 5級
[ɑ:rt] アート

- □ 名 <u>芸術</u>, <u>美術</u>

  an art museum （美術館）

---

chorus 4級
[kɔ́:rəs] コーラス

- □ 名 <u>合唱</u>

  a chorus contest （合唱コンテスト）

---

band 4級
[bænd] ベァンド

- □ 名 <u>バンド</u>, <u>楽団</u>

  a brass band （ブラスバンド, 吹奏楽団）

---

dancer 5級
[dǽnsər] デァンサァ

- □ 名 <u>ダンサー</u>, <u>踊る人</u>

  a good dancer （踊るのが上手な人）

---

song 5級
[sɔ:ŋ] ソーング

- □ 名 <u>歌</u>

  sing a song （歌を歌う）

drama 4級
[drá:mə] ドラーマ

□ 名 <u>演劇</u>, <u>ドラマ</u>
a drama club (演劇部)

role 準2級
[roul] ロウゥ

□ 名 <u>役</u>, <u>役割</u>
play the role of a princess (王女の役を演じる)

comedy 3級
[kámədi] カーメディ

□ 名 <u>喜劇</u>, <u>コメディー</u>

test 5級
[test] テスト

□ 名 <u>テスト</u>
have a math test (数学のテストがある)

exam 5級
[igzǽm] イグゼァム

□ 名 <u>試験</u>
(examination の略)

> 入学試験 (entrance exam) のように大きな試験のときに exam をよく使います。

quiz 3級
[kwiz] ヶウィズ

□ 名 <u>クイズ</u>, <u>小テスト</u>
a quiz show (クイズ番組)

lesson 5級
[lésn] レスン

□ 名 <u>授業</u>, <u>レッスン</u>
take piano lessons (ピアノのレッスンを受ける)

program 4級
[próugræm] プロウグレァム

□ 名 <u>番組</u>, <u>プログラム</u>
a TV program (テレビ番組)

training 4級
[tréiniŋ] トゥレイニング

□ 名 <u>訓練</u>

23

いろいろな基本名詞③

181

exercise 3級
[éksərsaiz] エクササイズ

□ 名 (体の) 運動

---

marathon 3級
[mǽrəθαn] メァラサン

□ 名 マラソン
a full marathon (フルマラソン)

---

match 4級
[mætʃ] メァチ

□ 名 試合 (game)
□ 複数形は matches となります。

---

grade 4級
[greid] グレイド

□ 名 学年, 等級

アメリカでは, 小1(first grade) から中3(ninth grade) まで通しで学年を数えることが多い。

I'm in the eighth grade.

(私は8年生[中学2年生] です。)

---

rule 3級
[ru:l] ルーヮ

□ 名 規則
follow the rules (規則に従う)

---

clothes 4級
[klouz] クロウズ

本来は cloth (布) の複数形ですが, clothes は「閉じる」の close とまったく同じ発音でOKです。

□ 名 衣服
change clothes (服を着替える)

---

size 4級
[saiz] サーイズ

□ 名 大きさ

---

weight 準2級
[weit] ウェイト

□ 名 重さ
lose weight (体重を減らす)

---

strength 準2級
[stréŋkθ] ストレンクス

□ 名 強さ

uniform 4級
[júːnəfɔːrm] ユーニフォーム

□ 名 <u>制服</u>
a school uniform (学校の制服)

---

holiday 4級
[hálədei] ハーリデイ

□ 名 <u>祝日</u>
a national holiday (国民の祝日)

---

vacation 4級
[veikéiʃən] ヴェイケイション

□ 名 <u>休暇</u>
summer vacation (夏休み)

---

trip 5級
[trip] トゥリップ

□ 名 <u>旅行</u>
a school trip (修学旅行)

---

fishing 5級
[fíʃiŋ] フィシング

> 本来は fish (つりをする) という動詞の ing 形です。

□ 名 <u>魚つり</u>
□ 「魚つりに行く」は <u>go fishing</u> です。× go to fishing とは言わないので注意してください。

---

picnic 3級
[píknik] ピクニック

□ 名 <u>ピクニック</u>
go on a picnic (ピクニックに行く)

---

nap 2級
[næp] ネアップ

□ 名 <u>昼寝</u>
take a nap (昼寝をする)

---

camp 5級
[kæmp] キャンプ

□ 名 動 <u>キャンプ(をする)</u>
□ 「キャンプに行く」は <u>go camping</u> です。× go to camping とは言わないので注意してください。

---

site 2級
[sait] サイト

> インターネットの「サイト」の意味でも使われます。

□ 名 <u>用地, 場所</u>
a camp site (キャンプ場)

spot 準2級
[spɑt] スパート

□ 名 はん点, 場所

---

seat 4級
[si:t] スィート

□ 名 座席

I gave my seat to a woman.

(女性に私の席をゆずりました。)

---

passport 4級
[pǽspɔ:rt] ペアスポート

□ 名 パスポート

May I see your passport, please?

(パスポートを見てもよろしいですか。)

---

package 3級
[pǽkidʒ] ペアケッヂ

□ 名 小包

send a package (小包を送る)

---

suitcase 準2級
[súːtkeis] スートケイス

□ 名 スーツケース

---

luggage 2級
[lʌ́gidʒ] ラゲッヂ

□ 名 手荷物

baggage も同じ意味で使われます。

---

passenger 準2級
[pǽsəndʒər] ペアセンヂャァ

□ 名 乗客

---

visitor 4級
[vízitər] ヴィズィタァ

□ 名 訪問者, 観光客

visitors from other countries

(ほかの国からの訪問者(観光客))

tourist 3級

[túərist] トゥアリスト

□ 名 観光客, 旅行者

foreigner

[fɔ́ːrinər] フォーリナァ

□ 名 外国人

gは発音しません。
「よそ者」というニュアンスがあるので, 使い方に注意。

hometown 3級

[houmtáun] ホウムタウン

□ 名 故郷の町

photo 5級

[fóutou] フォウトウ

□ 名 写真 (photograph の略)

take a photo (写真を撮る)

複数形の cards にはトランプの意味もあります。play cards で「トランプをする」という意味です。

card 4級

[kɑːrd] カード

□ 名 カード, はがき

Send me a card. (はがきを送ってください。)

gift 5級

[gift] ギフト

□ 名 贈り物

souvenir 3級

[suːvəníər] スーヴェニァ

□ 名 記念品, みやげ

garden は立派な庭園, yard はふつうの家の庭というイメージです。

yard 4級

[jɑːrd] ヤード

□ 名 (建物のまわりの) 庭

roof 3級

[ruːf] ルーフ

□ 名 屋根

stair 準2級
[steər] ステアァ

□ 名 stairs で<u>階段</u>

go up the stairs (階段をのぼる)

---

person 3級
[pə́:rsn] パ〜スン

□ 名 <u>人</u>

people(人々) は person の複数形です。

---

group 4級
[gru:p] グループ

□ 名 <u>集団</u>, <u>グループ</u>

make groups of five (5人のグループを作る)

---

age 4級
[eidʒ] エイヂ

□ 名 <u>年齢</u>

□ at the age of ～ で<u>～歳のときに</u>という意味。

---

husband 4級
[hʌ́zbənd] ハズバンド

□ 名 <u>夫</u>

---

wife 4級
[waif] ワーイフ

□ 名 <u>妻</u>

---

host 4級
[houst] ホウスト

□ 名 (客をもてなす) <u>主人</u>

□ host family で<u>ホストファミリー</u> (ホームステイ
先の家族) という意味を表します。

---

guest 4級
[gest] ゲスト

□ 名 <u>客 (招待客)</u>

---

neighbor 3級
[néibər] ネイバァ

□ 名 <u>隣人</u>, <u>近所の人</u>

---

wood 3級
[wud] ウッド

□ 名 木材

---

paper 4級
[péipər] ペイパァ

□ 名 紙
□ paper は数えられない名詞なので,「1 枚の紙」は a piece of paper などの形で表します。

---

roll 準2級
[roul] ロウゥ

□ 名 ロール, 巻いたもの
□ 「役割」の role と発音は同じ。つづりのちがいに注意。

---

fire 4級
[fáiər] ファーイアァ

□ 名 火
□ 火事という意味もあります。

---

wave 準2級
[weiv] ウェイヴ

□ 名 波
□ 動 手を振るという意味もあります。

---

fiction 準2級
[fíkʃən] フィクション

□ 名 小説, フィクション
a science fiction novel (SF〈空想科学〉小説)

---

mystery 3級
[míst(ə)ri] ミステリィ

□ 名 不思議, 推理小説
I bought a mystery novel.
(私は推理小説を買いました。)

---

horror 3級
[hɔ́:rər] ホーラァ

□ 名 恐怖
I like horror movies. (私はホラー映画が好きです。)

---

trick 準2級
[trik] トリック

□ 名 いたずら

187

確認テスト

解答・解説のページはありません。
それぞれの単語を学習したページにもどって，答えを確認しましょう。

5級

- ☐ クラブ，部 _____
- ☐ 歌 _____
- ☐ 芸術，美術 _____
- ☐ テスト _____
- ☐ 試験 _____
- ☐ 授業, レッスン _____
- ☐ 魚つり _____
- ☐ キャンプ _____
- ☐ 修学旅行 a school _____

4級

- ☐ 単語 _____
- ☐ 機会 _____
- ☐ 趣味 _____
- ☐ 演劇，ドラマ _____
- ☐ 番組,プログラム _____
- ☐ 学年，等級 _____
- ☐ 衣服 _____
- ☐ 大きさ _____
- ☐ 祝日 _____
- ☐ 休暇 _____
- ☐ 座席 _____
- ☐ パスポート _____
- ☐ 訪問者 _____
- ☐ カード _____
- ☐ グループ,集団 _____
- ☐ 夫 _____
- ☐ 妻 _____
- ☐ 紙 _____
- ☐ 火，火事 _____
- ☐ 問題ありません。／大丈夫。 No _____.
- ☐ 将来，未来に in the _____
- ☐ 私には夢があります。 I have a _____.
- ☐ ボランティア活動 volunteer _____

3級

- ☐ 規則 _____
- ☐ 人 _____
- ☐ 隣人 _____
- ☐ 木材 _____

give 4級

[giv] ギヴ

- □ 動 **与える**
- □ 過去形は **gave**（発音は [geiv] ゲイヴ）
- □ give A B で **A に B を与える**という意味です。

  I gave her a present.

  （私は彼女にプレゼントをあげました。）

- □ give B to A で同じ内容を表すこともあります。

  I gave a present to her.

  （私は彼女にプレゼントをあげました。）

- □ give up で**あきらめる**という意味です。

マイ例文 □

意味：

3級 □ 過去分詞は **given**（発音は [gívən] ギヴン）

send 4級

[send] センド

- □ 動 **送る**
- □ 過去形は **sent**（発音は [sent] セント）
- □ send A B で **A に B を送る**という意味です。

  She sent me an e-mail.

  （彼女は私にメールを送りました。）

- □ send B to A で同じ内容を表すこともあります。

  She sent an e-mail to me.

  （彼女は私にメールを送りました。）

マイ例文 □

意味：

show ^{4級}

[ʃou] ショウ

a quiz show (クイズ番組)のように、「ショー」「展示会」という名詞としても使われます。

□ 動 **見せる**

□ show A B で **A に B を見せる**という意味です。

show me a picture (私に絵を見せる)

□ show B to A で同じ内容を表すこともあります。

show a picture to me (私に絵を見せる)

□ show around で**案内する**という意味になります。

He showed me around the city.

(彼は市内を案内してくれました。)

3級 □ 過去分詞は **shown** (発音は [ʃoun] ショウン)

---

tell ^{4級}

[tel] テゥ

tell は「情報をだれかに伝える・教える」という意味です。

□ 動 **伝える**

□ 過去形は **told** (発音は [tould] トウゥ)

□ tell A B で **A に B を伝える**という意味です。

Please tell me your e-mail address.

(あなたのメールアドレスを私に教えてください。)

□ tell B to A で同じ内容を表すこともあります。

□ 道を教えると言うときには **tell** を使います。

Could you tell me the way to the station?

(駅へ行く道を教えていただけますか。)

3級 □ tell A to ~で **A に~するように言う**という意味です。to のあとには動詞の原形がきます。

He told me to clean the classroom.

(彼は私に教室をそうじするように言いました。)

become 4級

[bikʌ́m] ビカム

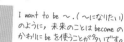

I want to be ～.（～になりたい）のように、未来のことは become のかわりに be を使うことが多いです。

□ 動 ～になる

□ 過去形は **became**（発音は [bikéim] ビケイム）

She became famous.（彼女は有名になりました。）

3級 □ 過去分詞は **become**（原形と同じ形です）

---

feel 4級

[fi:l] フィール

□ 動（あとに形容詞がきて）**～と感じる**

I feel happy.（私は幸せだと感じます。）

□ 過去形は **felt**（発音は [felt] フェっ）

□ feel like ～で**～のように感じる**という意味。

「～に見える」の意味の look（ P.33）と、feel, sound, taste, smell は使い方が同じなので"セットで"覚えましょう。

---

sound 4級

[saund] サーウンド

□ 動（あとに形容詞がきて）**～に聞こえる**

That sounds good.

（〈相手の話を聞いて〉それはいいですね。）

□ sound like ～で**～のように聞こえる**という意味。

That sounds like fun.（それはおもしろいことのように聞こえます。→おもしろそうですね。）

□ 名 **音**という意味もあります。

---

taste 4級

[teist] テイスト

□ 動（あとに形容詞がきて）**～な味がする** 名 **味**

This pizza tastes good.（このピザはおいしい。）

---

smell 3級

[smel] スメっ

□ 動（あとに形容詞がきて）**～なにおいがする**

□ 名 **におい**

guess 3級

[ges] ゲス

□ 動 **推測する**

I guess 〜. の形で，I think 〜. と同じように使われることもあります。think よりもくだけた言い方です。

Can you guess? ((答えを)当てられますか。)

□ Guess what! は**ねえねえ（私が言おうとしている話，なんだと思う？）**のような意味で，友達にニュースを切り出すときなどに使います。

---

understand 4級

[ʌndərstǽnd] アンダァ**テァ**ンド

□ 動 **理解する**

understand each other

(おたがいを理解する)

□ 過去形は **understood** (発音は [ʌndərstúd] アンダァ**トゥ**ド)

マイ例文

□ _____

意味：

---

learn 4級

[ləːrn] ラ〜ン

□ 動 **習い覚える**

study は「勉強・研究する」であるのに対して，learn は学習した結果「身につける・マスターする」という意味です。

learn English (英語を身につける)

□ learn about 〜で**〜について知る**という意味です。

I learned a lot about other cultures.

(私はほかの文化についてたくさんのことを学びました。)

□ learn how to 〜で**〜のしかたを学ぶ**という意味。

I learned how to swim when I was five.

(私は5歳のときに泳ぎ方を身につけました。)

---

remind 2級

[rimáind] リマインド

□ 動 **思い出させる**

Remind me to buy a cake.

(私にケーキを買い忘れないよう思い出させて。)

---

remember 3級

[rimémbər] リメンバァ

□ 動 **覚えている**

I remember my old days.

(私は昔の日々のことを覚えています。)

□ **思い出す**という意味でも使われます。

I can't remember his name.

(彼の名前を思い出せません。)

---

forget 4級

[fərgét] フォゲッ

□ 動 **忘れる**

□ 過去形は **forgot** （発音は [fərgát] フォガッ）

I forgot his name. (彼の名前を忘れました。)

□ forget to ~で**~するのを忘れる**という意味。

Don't forget to call. (電話するのを忘れないで。)

3級 □ 過去分詞は **forgotten** （発音は [fərgátn] フォガッン）

---

decide 3級

[disáid] ディサーイド

よし！

□ 動 **決める**

□ decide to ~で**~することを決める**という意味。

I decided to study abroad.

(私は外国で勉強することを決心しました。)

マイ例文 □

意味：

---

agree 4級

[əgríː] アグリー

□ 動 **同意する**

3級 □ agree with ~で**~に同意する**という意味。

I agree with you. (あなたに賛成です。)

need 5級

[ni:d] ニード

□ 動 <u>必要とする</u>

I need your help. (あなたの助けが必要です。)

□ need to ～で<u>～する必要がある</u>という意味。

We need to think about this problem.

(私たちはこの問題について考える必要があります。)

□ in need で<u>必要としている</u>という意味です。

help people in need (必要としている人を助ける)

---

hope 4級

[houp] ホウプ

> hope to ～で「<u>～するのを望む</u>」という意味。I hope to see you soon.（あなたにすぐ会えるといいな。）

□ 動 <u>望む</u>

I hope so. (私はそうだといいと思います。)

□ hope (that) ～で<u>～であることを望む</u>という意味。

I hope it's sunny tomorrow.

(明日晴れるといいな。)

□ 名 <u>希望</u>

---

believe 4級

[bilí:v] ビリーヴ

□ 動 <u>信じる</u>

I can't believe it! (信じられない！)

□ believe (that) ～で<u>～だと信じる</u>という意味。

I believe that he will come.

(彼が来てくれると信じています。)

---

worry 4級

[wə́:ri] ワーリ

□ 動 <u>心配する</u>

Don't worry. (心配しないで。)

□ 3単現は y を ie にかえて <u>worries</u> です。

□ 過去形は y を i にかえて <u>worried</u> になります。

mean 3級

[mi:n] ミーン

□ 動 意味する

> 「A の意味は何ですか」と聞きたいときは，英語では What does A mean? の形でたずねるのがふつうです。

What does this word mean?

(この単語は何を意味しますか。→どういう意味ですか。)

What do you mean?

((あなたの言ったことは)どういう意味？)

□ 過去形は meant（発音は [ment] メン）

---

spell 3級

[spel] スペッ

□ 動 (単語を) つづる

How do you spell that?

(それ(その単語)はどうつづるのですか。)

> 単語のスペリング（つづり方）は How do you spell ～? とたずねます。you を主語にするのがポイントです。

---

share 3級

[ʃeər] シェアァ

□ 動 分け合う，共有する

Let's share this pizza.

(このピザを(みんなで)分け合いましょう。)

share information （情報を共有する）

マイ例文 □

意味：

---

move 4級

[mu:v] ムーヴ

□ 動 動く，動かす

move a box （箱を動かす(移動する)）

> move (動く) には「引っ越す」という意味もあります。I moved to Tokyo last year.（私は去年東京に引っ越しました。)

3級 □ 感動させる (心を動かす) という意味もあります。

I was moved by her words.

(私は彼女の言葉に感動しました。)

解答・解説のページはありません。
それぞれの単語を学習したページにもどって，答えを確認しましょう。

4級

☐ ～と感じる ＿＿＿＿＿＿＿　　☐ ～な味がする ＿＿＿＿＿＿＿

☐ 理解する ＿＿＿＿＿＿＿　　☐ 習い覚える ＿＿＿＿＿＿＿

☐ 忘れる ＿＿＿＿＿＿＿　　☐ 同意する ＿＿＿＿＿＿＿

☐ 信じる ＿＿＿＿＿＿＿　　☐ 心配する ＿＿＿＿＿＿＿

☐ 私は彼女にプレゼントをあげました。

I ＿＿＿＿＿＿＿ her a present.

☐ 彼女は私にメールを送りました。　She ＿＿＿＿＿＿＿ me an e-mail.

☐ 私に絵を見せる ＿＿＿＿＿＿＿ me a picture

☐ あなたのメールアドレスを私に教えてください。

Please ＿＿＿＿＿＿＿ me your e-mail address.

☐ 彼女は有名になりました。　She ＿＿＿＿＿＿＿ famous.

☐ （相手の話を聞いて）それはいいですね。　That ＿＿＿＿＿＿＿ good.

☐ 私はそうだといいと思います。　I ＿＿＿＿＿＿＿ so.

3級

☐ give の過去分詞 ＿＿＿＿＿＿＿　　☐ ～なにおいがする ＿＿＿＿＿＿＿

☐ 推測する ＿＿＿＿＿＿＿　　☐ 決める ＿＿＿＿＿＿＿

☐ 覚えている ＿＿＿＿＿＿＿　　☐ （単語を）つづる ＿＿＿＿＿＿＿

☐ 彼は私に教室をそうじするように言いました。

He ＿＿＿＿＿＿＿ me to clean the classroom.

☐ あなたに賛成です。　　I ＿＿＿＿＿＿＿ with you.

☐ この単語はどういう意味ですか。

What does this word ＿＿＿＿＿＿＿?

☐ 私は彼女の言葉に感動しました。　I was ＿＿＿＿＿＿＿ by her words.

25 形・位置関係

shape 3級
[ʃeip] シェイッ

□ 名 形

point 3級
[pɔint] ポーインッ

□ 名 点
　a good point (よい点, 長所)
□ 小数点も point と言います。
　zero point five (0.5)
□ 動 指さす
　He pointed to the north.

（彼は北を指さしました。）

circle 3級
[sə́:rkl] サ〜コゥ

□ 名 円形
□ 動 丸で囲むという意味もあります。
　Circle the answers.

（答えを丸で囲みなさい。）

> 「丸い」は round と言います。a round table (丸いテーブル)

square 3級
[skwéər] スクウェアァ

□ 名 四角 形 四角い
　a square table (四角いテーブル)
□ 面積を言うときに, 平方という意味で使われます。
　10km² (10平方キロメートル) は ten square kilometers と読みます。

front 3級

[frʌnt] フラント

- □ 名 前
- □ in front of ～で**～の前に**という意味を表します。

  in front of the station (駅の前に)

> ホテルのフロントは英語では front desk と言います。

back 5級

[bæk] ベアック

- □ 名 **後ろ，背中**
- □ 副 **後ろへ**の意味で，動詞と組み合わせて使います。

  go back (戻っていく)

  come back (戻ってくる)

  I'm back. (戻りましたよ。)

- □ call back で**電話をかけ直す**という意味です。

  I'll call back later.

  (あとで電話をかけ直します。)

side 3級

[said] サーイド

- □ 名 **側面**

  on the left side (左側に)

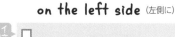

□

意味：

top 4級

[tɑp] タープ

- □ 名 **頂上**

  the top of the mountain (山の頂上)

bottom 準2級

[bátəm] バートム

- □ 名 **底**

  the bottom of the sea

  (海底)

end 4級

[end] エンド

□ 名 <u>終わり, 端</u>

at the end of April (4月の終わりに)

□ 動 <u>終わる</u>

---

center 4級

[séntər] センタァ

□ 名 <u>中心, センター</u>

Kennedy Space Center (ケネディー宇宙センター)

---

into 4級

[íntu:] イントゥー

□ 前 <u>~の中へ</u>

go into the room

(部屋の中に入っていく)

A cat walked into the box.

(ねこが箱の中に歩いて入っていきました。)

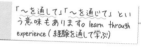

「~を通して」「~を通じて」という意味もあります。learn through experience (経験を通して学ぶ)

---

through 4級

[θru:] スルー

□ 前 <u>~を通り抜けて</u>

go through the box

(箱を通り抜けて行く)

□ get throughで<u>通り抜ける, 乗り切る</u>という意味。

get through the exam (試験を乗り切る)

---

inside 4級

[insáid] インサイド

□ 前 副 名 <u>(~の) 内側 (に)</u>

What's inside? (中に何があるのですか。)

---

outside 4級

[autsáid] アウトサイド

□ 前 副 名 <u>(~の) 外側 (に)</u>

It's cold outside. (外は寒いです。)

behind 3級

[biháind] ビハーインド

□ 前 ~の後ろに

Someone is behind the door.

（だれかがドアの後ろにいます。）

□ behind schedule で**予定より遅れて**という意味
です。

The bus is behind schedule.

（バスは予定より遅れています。）

---

beside 3級

[bisáid] ビサーイド

> beside は「~のそばに並んで, 隣に」
> という意味です。

□ 前 ~のそばに

I sat on the bench beside her.

（私は彼女と並んでベンチにすわりました。）

マイ例文 □

意味：

---

between 4級

[bitwíːn] ビトウィーン

□ 前 (2つ)の間に

□ between A and B で**A と B の間に**という意味。

I sat between Yumi and Mami.

（私は由美と真美の間にすわりました。）

□ difference between A and B で**A と B のち
がい**という意味。

> 「2つの間に」が between で,「3つ以
> 上の間に」が among です。

---

among 4級

[əmʌ́ŋ] アマング

□ 前 (3つ以上)の間に

□ popular among ~で**~の間で人気がある**とい
う意味を表します。

This song is popular among young people.

（この歌は若者の間で人気です。）

along 3級

[əlɔ́:ŋ] アローング

- □ 前 <u>～に沿って</u>
  go along the river (川沿いに行く)
- □ sing along で<u>いっしょに歌う</u>という意味。
- □ get along で<u>仲よくやっていく</u>という意味。
  Are you getting along with everyone?
  (みんなとは仲よくやっていますか。)

across 4級

[əkrɔ́:s] アクロース

- □ 前 <u>～を横切って</u>
  go across the river (川を横切って行く)
- □ across from ～で<u>～の向かいに</u>という意味。
  My house is across from the school.
  (私の家は学校の向かいです。)
- □ come across で<u>偶然出会う</u>という意味です。

against 3級

[əɡénst] アゲンスト

Are you for or against the plan? で「あなたはその計画に賛成ですか、反対ですか。」という意味になります。

- □ 前 <u>～に対抗して</u>
  I'm against the plan.
  (私はその計画に反対です。)

toward 3級

[tɔ́:rd] トード

- □ 前 <u>～の方へ</u>
  He came toward me. (彼は私の方にやって来ました。)

above 準2級

[əbʌ́v] アバッ

- □ 前 副 <u>～の上に（離れて上の方に）</u>
  fly above the clouds (雲の上を飛ぶ)

below 準2級

[bilóu] ビロウ

- □ 前 副 <u>～より下に</u>
  Look at the picture below. (下の図を見なさい。)

確認テスト

解答・解説のページはありません。
それぞれの単語を学習したページにもどって，答えを確認しましょう。

5級

□ 戻ってくる　　come ＿＿＿＿＿＿＿＿

4級

□ 中心, センター ＿＿＿＿＿＿＿　　□ （〜の)内側(に) ＿＿＿＿＿＿＿＿

□ （〜の)外側(に) ＿＿＿＿＿＿＿

□ 4月の終わりに　　at the ＿＿＿＿＿＿＿ of April

□ 部屋の中に入っていく　go ＿＿＿＿＿＿＿ the room

□ 箱を通り抜けて行く　　go ＿＿＿＿＿＿＿ the box

□ AとBのちがい　　　the difference ＿＿＿＿＿＿＿ A and B

□ この歌は若者の間で人気です。

This song is popular ＿＿＿＿＿＿＿ young people.

□ 川を横切って行く　　go ＿＿＿＿＿＿＿ the river

3級

□ 形 ＿＿＿＿＿＿＿　　□ 点 ＿＿＿＿＿＿＿

□ 円形 ＿＿＿＿＿＿＿　　□ 四角 ＿＿＿＿＿＿＿

□ 〜の後ろに ＿＿＿＿＿＿＿　　□ 〜の方へ ＿＿＿＿＿＿＿

□ 駅の前に　　in ＿＿＿＿＿＿＿ of the station

□ 左側に　　on the left ＿＿＿＿＿＿＿

□ 私は彼女と並んでベンチにすわりました。

I sat on the bench ＿＿＿＿＿＿＿ her.

□ 川沿いに行く　　go ＿＿＿＿＿＿＿ the river

□ 私はその計画に反対です。　　I'm ＿＿＿＿＿＿＿ the plan.

26 基本動詞⑦

travel 4級

[trǽvəl] トレァヴェゥ

☐ 動 旅行する

travel around the world

（世界中を旅行する）

☐ 名 旅行という意味もあります。

📝マイ例文

☐

意味:

---

arrive 4級

[əráiv] アライヴ

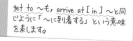
get to ～も, arrive at [in] ～と同じように「～に到着する」という意味を表します。

☐ 動 到着する

☐ 駅などの「地点」に到着するときは arrive at ～を，都市や国などに到着するときは arrive in ～を使います。

arrive at a hotel （ホテルに到着する）

arrive in Tokyo （東京に到着する）

---

carry 4級

[kǽri] キャリ

☐ 動 運ぶ，持ち運ぶ

☐ 3単現は y を ie にかえて carries となります。

☐ 過去形は y を i にかえて carried となります。

He carried my bag.

（彼は私のかばんを運んでくれました。）

---

pack 準2級

[pæk] ペァック

☐ 動 荷づくりする

pack my suitcase

（スーツケースに荷物を入れる）

---

keep 3級

[ki:p] キープ

keepは「持ち続ける」「取っておく」「保管する」という状態を表します。

□ **動 保つ**

You can keep it.

(それ，あなたが持っていていいよ（あげるよ）。)

□ 過去形は <u>kept</u>（発音は [kept] ケプト）

□ keep in touch で<u>連絡を取り合う</u>という意味。

Let's keep in touch.

(連絡を取り合いましょう。)

□ keep out で**〜を中に入れない**という意味です。

看板などで「立入禁止」という意味で使われます。

....

□ keep 〜ing で**〜し続ける**という意味。

keep going (進み続ける)

□ keep A Bで**AをBの状態にしておく**という意味。

keep the river clean

(川をきれいにしておく)

- -

wearは「着ている」という状態を表す語です。「着る・身につける」という動作はput onで表します。

wear 4級

[weər] ウェアァ

□ **動 身につけている**

She's wearing a coat.

(彼女はコートを着ています。)

□ 服だけでなく，めがね・ぼうし・くつなどにも使います。

My father wears glasses.

(私の父はめがねをかけています。)

□ 過去形は <u>wore</u>（発音は [wɔːr] ウォー）

....

3級 □ 過去分詞は <u>worn</u>（発音は [wɔːrn] ウォーン）

204

save 3級

[seiv] セイヴ

save には「お金をためる」という意味もあり、save money は「節約する」「貯金する」の両方に使われます。

□ 動 救う

save a child from the fire

（火事から子どもを救う）

save the earth （地球を救う）

□ 節約するという意味もあります。

save time （時間を節約する）

---

pass 3級

[pæs] ペァス

□ 動 通過する, 経過する

pass the test （テストに通る）

□ 3単現は es をつけて **passes** です。

□ 手渡すという意味もあります。

Pass me the salt. （お塩を取って。）

---

follow 3級

[fálou] ファーロウ

□ 動 ついていく

Please follow me. （私についてきてください。）

□ 従うという意味もあります。

follow the rules （規則に従う）

---

hit 4級

[hit] ヒット

hit は「打撃を与える」という意味で、「(人を) なぐる」「(車を) ぶつける」「(台風が) 襲う」などにも使います。

□ 動 打つ

hit a ball （ボールを打つ）

□ ing 形は最後の t を重ねて **hitting**。

□ 過去形・過去分詞も **hit** で, 原形と同じ形です。

---

shoot 準2級

[ʃuːt] シュート

□ 動 撃つ, シュートする

□ 過去形・過去分詞形は **shot** （発音は [ʃɑt] シャット）

hurt 3級

[hɔːrt] ハート

□ 動 傷つける

病院で痛いところを伝えるときは My ～ hurts.（私の～が痛みます。）と言えばOKです。

□ 過去形・過去分詞も <u>hurt</u> で，原形と同じ形です。

I hurt my finger. (指を傷つけてしまいました。)

□ <u>痛む</u>という意味もあります。

My finger hurts. (指が痛みます。)

□ get hurt で<u>けがをする</u>という意味です。

He got hurt. (彼はけがをしました。)

---

kill 4級

[kil] キッ

□ 動 殺す

□ be killed で（事故などで）<u>死ぬ</u>

A lot of people were killed in the war.

(たくさんの人々がその戦争で死にました。)

---

choose 3級

[tʃuːz] チューズ

□ 動 選ぶ

Choose a card. (カードを1枚選んで。)

choose the right answer (正しい答えを選ぶ)

□ 過去形は <u>chose</u>（発音は [tʃouz] チョウズ）

マイ例文 □

意味：

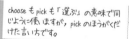

choose も pick も「選ぶ」の意味で同じように使いますが，pick のほうがくだけた言い方です。

---

pick 4級

[pik] ピック

□ 動 （花や実を）<u>つむ</u>

pick flowers (花をつむ)

□ <u>選ぶ</u>という意味もあります。

Pick a box. (箱を1つ選んで。)

□ pick up で<u>拾う</u>という意味です。

pick up cans (缶を拾う)

invite 3級
[inváit] インヴァイト

- 動 <u>招待する</u>
- invite A to B で <u>A を B に招待する</u>という意味。

I invited him to the party.

(私は彼をパーティーに招待しました。)

---

cheer 3級
[tʃíər] チアァ

- 動 <u>元気づける</u>
- cheer up で<u>元気づける</u>, <u>元気を出す</u>という意味。

Let's cheer him up.

(彼を元気づけよう。)

---

celebrate 3級
[séləbreit] セレァレイト

- 動 <u>祝う</u>

Let's celebrate!

(お祝いしよう！)

---

explain 3級
[ikspléin] イクスプレイン

- 動 <u>説明する</u>

It's hard to explain in English.

(英語で説明するのは大変です。)

---

return 3級
[ritə́:rn] リタ〜ン

- 動 <u>戻る</u>

return home (家に戻る)

- <u>戻す</u>, <u>返す</u>という意味もあります。

return a book to the library

(図書館に本を返す)

- in return で<u>お返しに</u>という意味です。

check 4級
[tʃek] チェック

- □ 動 調べる，確認する
  check e-mails （メールをチェックする）

compare 準2級
[kəmpéər] コンペアァ

- □ 動 比べる
- □ compare A with Bで**AとBを比べる**という意味。

receive 4級
[risíːv] リスィーヴ

- □ 動 受け取る
  receive an e-mail
  （メールを受け取る）

reply 準2級
[riplái] リプライ

- □ 動 返事する
- □ 名 返事

post 2級
[poust] ポウスト

- □ 動 (ウェブに)投稿する，掲示する
  post a picture on Facebook
  （フェイスブックに写真を投稿する）

grow 4級
[grou] グロウ

- □ 動 成長する
- □ grow up で(人が)**大人になる**という意味。
- □ **育てる**という意味もあります。
  grow tomatoes （トマトを育てる）
- □ 過去形は grew （発音は [gruː] グルー）

die 3級
[dai] ダーイ

- □ 動 死ぬ
  He died in 1950. （彼は1950年に死にました。）
- □ ing 形は ie を y にかえて dying です。

> ing 形の dying は✕「死んでいる」ではなく，「死にかけている」という意味です。a dying man（死にかけている男性）

208

happen 3級
[hǽpən] ヘァプン

□ **動** 起こる

What happened? (何があったのですか。)

cancel 3級
[kǽnsl] キャンスゥ

□ **動** 取り消す，中止する

appear 準2級
[əpíər] アピァァ

□ **動** 現れる

A man suddenly appeared.

(男性が突然現れました。)

disappear 準2級
[disəpíər] ディサピアァ

> dis- は反対の意味を表します。appear（現れる）に dis をつけると disappear（見えなくなる）になります。

□ **動** 見えなくなる

The man suddenly disappeared.

(その男性は突然いなくなりました。)

rise 3級
[raiz] ラーイズ

> rise の過去形 rose は花の「バラ」とつづりも発音も同じ。「上がる」は rise で，「上げる」は raise（→ p.261）です。

□ **動** 上がる

The sun rises in the east.

(太陽は東からのぼります。)

□ 過去形は rose （発音は [rouz] ロウズ）

fall 4級
[fɔ:l] フォーヶ

> fall は「倒れる」「転ぶ」という意味でも使われます。He fell on the ground. (彼は地面に倒れました。)

□ **動** 落ちる

Leaves are falling. (木の葉が舞い落ちています。)

□ 過去形は fell （発音は [fel] フェゥ）

□ **名** 秋という意味もあります。(→ p.86)

mix 3級
[miks] ミクス

□ **動** 混ぜる

mix milk and sugar

(牛乳と砂糖を混ぜる)

確認テスト

解答・解説のページはありません。
それぞれの単語を学習したページにもどって，答えを確認しましょう。

4級

- □ 旅行する ＿＿＿＿＿＿
- □ 運ぶ，持ち運ぶ ＿＿＿＿＿＿
- □ 打つ ＿＿＿＿＿＿
- □ 殺す ＿＿＿＿＿＿
- □ 調べる,確認する ＿＿＿＿＿＿
- □ 成長する,育てる ＿＿＿＿＿＿
- □ 落ちる，秋 ＿＿＿＿＿＿
- □ ホテルに到着する ＿＿＿＿＿＿ at a hotel
- □ 私の父はめがねをかけています。 My father ＿＿＿＿＿＿ glasses.
- □ 缶を拾う ＿＿＿＿＿＿ up cans
- □ メールを受け取る ＿＿＿＿＿＿ an e-mail
- □ 木の葉が舞い落ちています。 Leaves are ＿＿＿＿＿＿.

3級

- □ 保つ ＿＿＿＿＿＿
- □ 救う，節約する ＿＿＿＿＿＿
- □ 選ぶ ＿＿＿＿＿＿
- □ 元気づける ＿＿＿＿＿＿
- □ 説明する ＿＿＿＿＿＿
- □ 戻る ＿＿＿＿＿＿
- □ wear の過去分詞 ＿＿＿＿＿＿
- □ 川をきれいにしておく ＿＿＿＿＿＿ the river clean
- □ テストに通る ＿＿＿＿＿＿ the test
- □ 私についてきてください。 Please ＿＿＿＿＿＿ me.
- □ 彼はけがをしました。 He got ＿＿＿＿＿＿.
- □ 私は彼をパーティーに招待しました。 I ＿＿＿＿＿＿ him to the party.
- □ 何があったのですか。 What ＿＿＿＿＿＿?
- □ 太陽は東からのぼります。 The sun ＿＿＿＿＿＿ in the east.

27 いろいろな形容詞

better 4級
[bétər] ベタァ

□ 形 good（よい）と 副 well（よく，上手に）の<u>比較級</u>

He plays soccer better than Ken.

（彼は健よりサッカーが上手です。）

□ like A better than B で <u>B より A が好き</u>という意味です。

I like math better than science.

（私は理科より数学のほうが好きです。）

□ get better で（体調などが）<u>よくなる</u>という意味。

□

意味：

---

best 4級
[best] ベスト

□ 形 <u>もっともよい</u>（good の最上級）

the best player（もっとも上手な選手）

□ 副 <u>もっともよく[上手に]</u>（well の最上級）

She sings the best of us all.

（彼女は私たち全員の中でいちばん歌がうまい。）

□ like ～ the best で<u>～がいちばん好き</u>という意味。

I like English the best of all the subjects.

（私は全教科の中で英語がいちばん好きです。）

□ do my best で（私の）<u>全力をつくす</u>という意味。

Good luck. — Thanks. I'll do my best.

（幸運を。— ありがとう。ベストをつくします。）

□

意味：

important 4級
[impɔ́ːrtnt] インポートント

- □ 形 **重要な**

  an important problem （重要な問題）

- □ 比較級は **more important**。

- □ 最上級は **most important**。

  the most important thing for me

  （私にとっていちばん大切なもの）

---

wide 3級
[waid] ワーイド

- □ 形 **(幅が) 広い**

> 幅ではなく面積が「広い」と言うときには wide ではなく large を使います。
> a large room （広い部屋）

---

deep 3級
[diːp] ディープ

- □ 形 **深い**

  the deep sea （深海）

---

heavy 4級
[hévi] ヘヴィ

- □ 形 **重い**

  a heavy box （重い箱）

- □ 比較級は y を i にかえて **heavier**。

- □ 最上級は y を i にかえて **heaviest**。

---

light 5級
[lait] ライト

- □ 形 **明るい** （dark の反対語）

- □ **軽い**という意味もあります。（heavy の反対語）

  a light bag （軽いかばん）

- □ 名 **明かり**，**光**という意味もあります。

  turn on the light （明かりをつける）

---

dark 4級
[dɑːrk] ダーク

- □ 形 **暗い**

  It's getting dark outside.

  （外は暗くなってきています。）

strong 4級
[strɔːŋ] ストローング

- □ 形 **強い**
  - **a strong wind** (強い風)

weak 3級
[wiːk] ウィーク

- □ 形 **弱い**
  - **a weak voice** (弱い(かすかな)声)

expensive 4級
[ikspénsiv] イクスペンスィヴ

- □ 形 **高価な**
- □ 比較級は **more expensive**。
- □ 最上級は **most expensive**。

cheap 3級
[tʃiːp] チープ

- □ 形 **安い, 安っぽい**

rich 4級
[ritʃ] リチ

- □ 形 **金持ちの, 豊かな**
  - **rich people** (金持ちの人たち)

poor 3級
[puər] プァァ

- □ 形 **貧しい**
  - **poor countries** (貧しい国々)
- □ **かわいそうな**という意味もあります。

dry 4級
[drai] ドライ

- □ 形 **かわいた**
  - **a dry towel** (かわいたタオル)

wet 3級
[wet] ウェット

- □ 形 **ぬれた**
  - **a wet towel** (ぬれたタオル)

213

clean `5級`
[kli:n] クリーン

□ 形 **きれいな**
> clean は「清潔な」という意味で、dirty の反対語です。

keep the river clean (川をきれいに保つ)

□ 動 **そうじする**という意味もあります。(→ p.52)

---

dirty `4級`
[də́:rti] ダ〜ティ

□ 形 **汚い**
> dirty は「不潔な、汚れた」という意味です。「部屋や机がちらかっている」などの意味では dirty は使いません。

dirty shoes (汚れたくつ)

---

safe `3級`
[seif] セイフ

□ 形 **安全な**

---

dangerous `3級`
[déindʒərəs] デインヂャラス

□ 形 **危険な**

It is dangerous to go out. (外出は危険です。)

---

thick `3級`
[θik] スィック

□ 形 **厚い、濃い**

---

thin `3級`
[θin] スィン

□ 形 **うすい、やせた**

---

quiet `4級`
[kwáiət] クワーイエト

□ 形 **静かな**

Be quiet. (静かにしなさい。)

---

noisy `準2級`
[nɔ́izi] ノーイズィ

□ 形 **うるさい**
> noisy は noise (雑音) が多い、という意味です。

---

crowded `3級`
[kráudid] クラーウディド

□ 形 **こみ合った**

a crowded bus (こみ合ったバス)

simple 3級
[símpl] スィンポゥ

□ 形 <u>単純な</u>

natural 3級
[nǽtʃərəl] ネァチュラゥ

□ 形 <u>自然の, 自然な</u>

cute 5級
[kju:t] キュート

□ 形 <u>かわいい</u>
a cute cat (かわいらしいねこ)

sweet 3級
[swi:t] スウィート

□ 形 <u>あまい</u>

bitter 2級
[bítər] ビタァ

□ 形 <u>苦い</u>

smart 3級
[smáːrt] スマート

□ 形 <u>りこうな</u>
a smart dog (りこうな犬)

bright 3級
[brait] ブラート

□ 形 <u>かがやいている</u>
a bright star (明るい星)

special 4級
[spéʃəl] スペシャゥ

□ 形 <u>特別の</u>
a special day (特別な日)

strange 4級
[streindʒ] ストレインヂ

□ 形 <u>奇妙な</u>
a strange dream (奇妙な夢)

funny 4級
[fʌ́ni] ファニ

- □ 形 **おかしな**

  a funny story

  (おもしろおかしい話)

- □ 比較級は y を i にかえて <u>funnier</u>。
- □ 最上級は y を i にかえて <u>funniest</u>。

> funny は「おもしろおかしい」の意味で，interesting は「(知的に) 興味深い」という意味です。

---

cheerful 2級
[tʃíərfəl] チアフォゥ

- □ 形 **陽気な**

  a cheerful person (陽気な人)

---

exciting 4級
[iksáitiŋ] イッサーイティング

- □ 形 **わくわくさせる**

  an exciting game (わくわくする試合)

- □ 比較級は <u>more exciting</u>。
- □ 最上級は <u>most exciting</u>。

> excite (興奮させる) という動詞の ing 形。わくわくするような楽しさ・おもしろさを表すときに使います。

---

useful 4級
[júːsfəl] ユースフォゥ

- □ 形 <u>役に立つ</u>
- □ 比較級は <u>more useful</u>。
- □ 最上級は <u>most useful</u>。

> 発音に注意しましょう。useful の s は [ズ] ではなく，[ス] のように発音します。

---

helpful 3級
[hélpfəl] ヘゥプフォゥ

- □ 形 <u>役に立つ，助けになる</u>

  This dictionary is very helpful.

  (この辞書はとても役立ちます。)

---

convenient 3級
[kənvíːnjənt] コンヴィーニエント

- □ 形 **便利な**
- □ 比較級は <u>more convenient</u>。
- □ 最上級は <u>most convenient</u>。

> convenience store (コンビニエンスストア) の convenience は convenient の名詞形です。

local 3級
[lóukəl] ロウカゥ

□ 形 <u>その地域の，地元の</u>
local food （その土地の食べ物，地元料理）

national 3級
[nǽʃənəl] ネァショナゥ

□ 形 <u>国の，国民の</u>
a national park （国立公園）

international
[intərnǽʃənəl] インタネァショナゥ 3級

□ 形 <u>国際的な</u>

cultural 3級
[kʌ́ltʃərəl] カゥチュラゥ

□ 形 <u>文化の</u>
cultural differences （文化的なちがい）

> cultural は culture（文化）という名詞から，traditional は tradition（伝統）という名詞からできた形容詞です。

traditional 3級
[trədíʃənəl] トラディショナゥ

□ 形 <u>伝統的な</u>
a traditional festival （伝統的な祭り）

healthy 3級
[hélθi] ヘゥスィ

□ 形 <u>健康な</u>

ill 準2級
[il] イゥ

□ 形 <u>病気で</u>

> ふつう sick のほうがよく使われます。

dead 準2級
[ded] デード

□ 形 <u>死んでいる</u>
He was dead. （彼は死んでいました。）

alive 準2級
[əláiv] アライヴ

□ 形 <u>生きている</u>
They are alive. （彼らは生きています。）

27

いろいろな形容詞

such 3級

[sʌtʃ] サチ

□ 形 そのような

複数のときは such a の a はつけません。such questions（そのような質問）

□ such a 〜の形で使います。

Don't ask me such a question.

（私にそんな質問をしないでください。）

□ such as 〜で (例えば) 〜のようなという意味です。

animals such as dogs and cats

（犬やねこのような動物）

similar 準2級

[símələr] スィミラァ

□ 形 類似した

original 準2級

[ərídʒnəl] オリヂナゥ

□ 形 もともとの
□ 名 原型

creative 準2級

[kriéitiv] クリエイティヴ

□ 形 創造力がある

attractive 2級

[ətræktiv] アトレアクティヴ

□ 形 魅力的な

polite 準2級

[pəláit] ポライト

□ 形 礼儀正しい

a polite girl （礼儀正しい女の子）

honest 準2級

[ánist] アネスト

□ 形 正直な

h は発音しません。

He's an honest man.

（彼は正直者です。）

218

excellent 3級
[éksələnt] エクセレント

□ 形 優れた

fantastic 準2級
[fæntǽstik] フェアンテァスティク

□ 形 すてきな
a fantastic view (すばらしい景色)

amazing 2級
[əméiziŋ] アメイズィング

□ 形 驚くべき

awesome 2級
[ɔ́:səm] オーサム

□ 形 すごい
That's awesome. (それ, すごくいいね。)

various 準2級
[véəriəs] ヴェアリアス

□ 形 さまざまな

final 準2級
[fáinl] ファイヌル

□ 形 最終の
□ 名 決勝戦という意味もあります。

daily 3級
[déili] デイリ

□ 形 日常の
□ 副 毎日

online 準2級
[ɑnláin] アーンライン

□ 形 副 オンラインの[で]
an online lesson (オンラインレッスン)

outdoor 準2級
[autdɔ́:r] アウトドーァ

□ 形 屋外の
outdoor sports (アウトドアスポーツ)

反対語は indoor [インドーァ]
（屋内の）です。

解答・解説のページはありません。
それぞれの単語を学習したページにもどって，答えを確認しましょう。

4級

☐ もっともよい _____ ☐ 重要な _____

☐ 重い _____ ☐ 暗い _____

☐ 強い _____ ☐ 高価な _____

☐ 金持ちの _____ ☐ かわいた _____

☐ 汚い _____ ☐ 静かな _____

☐ 奇妙な _____

☐ 私は理科より数学のほうが好きです。

I like math _____ than science.

☐ 彼女は私たち全員の中でいちばん歌がうまい。

She sings the _____ of us all.

☐ おもしろおかしい話　　a _____ story

☐ わくわくする試合　　an _____ game

3級

☐ （幅が）広い _____ ☐ 弱い _____

☐ 安い _____ ☐ 安全な _____

☐ 危険な _____ ☐ 単純な _____

☐ りこうな _____ ☐ かがやいている _____

☐ 便利な _____ ☐ その地域の _____

☐ 国の，国民の _____ ☐ 文化の _____

☐ 伝統的な _____ ☐ 健康な _____

☐ こみ合ったバス　　a _____ bus

☐ 私にそんな質問をしないでください。

Don't ask me _____ a question.

because 4級

[bikɔ́ːz] ビコーズ

□ **接** なぜなら（〜だから）

I went to bed early because I was tired.

(私は疲れていたので，早く寝ました。)

□ Why 〜? に理由を答えるときにも使われます。

Why are you late? — Because I got up late.

(なぜ遅刻したの？— 寝坊したからです。)

□ because of 〜で**〜が原因で**という意味。

Things changed because of the internet.

(インターネットのために物事は変わりました。)

if 4級

[if] イフ

□ **接** もし〜ならば

Let's go shopping tomorrow if you are free.

(もしあなたがひまなら，明日買い物に行きましょう。)

□ 条件を表す if 〜の中では未来のことでも現在形で表します。

If it rains tomorrow, I'll stay home.

(もし明日雨なら，私は家にいます。)

準2級 □ if 〜の中を過去形にして，現在の現実とはちがうことを仮定して言うことがあります（仮定法）。

If it were sunny today, I would go swimming.

(もし今日晴れていれば，泳ぎに行くのに。)

than 4級

[ðæn] ザァン

□ **接 前** 比較級＋ than 〜で**〜よりも**

I'm older than Ken. (私は健より年上です。)

while 3級

[hwail] ワイゥ

□ 接 **〜する間に**

Jim visited some temples while he was in Japan.

(ジムは日本にいる間にいくつかのお寺を訪れました。)

□ 名 **しばらくの間，時間**

□ for a while で**しばらくの間**という意味。

wait for a while (しばらく待つ)

□ after a while で**その後しばらくして**という意味。

It stopped raining after a while.

(しばらくすると雨はやみました。)

□

意味：

---

however 準2級

[hauévər] ハウエヴァァ

□ 副 **しかしながら**

He was rich. However, he was not happy.

(彼は金持ちでした。しかしながら幸せではありませんでした。)

however は but と同じ意味で使われますが，but よりもかたい感じの語で，書き言葉でよく使われます。

---

though 準2級

[ðou] ゾウ

□ 接 **〜だけれども**

Though it was raining, he went out.

(雨が降っていたけれども彼は外出しました。)

though と although はほぼ同じ意味ですが，although のほうがややかたい言い方です。

---

although 3級

[ɔ:lðóu] オーッゾウ

□ 接 **〜だけれども**

---

since 3級

[sins] スィンス

□ 前 接 **～以来（ずっと）**

□ 現在完了形で**～以来ずっと…しています**と言う

ときによく使われます。

I've been busy since yesterday.

(私は昨日からずっと忙しいです。)

I've lived here since I was ten.

(私は 10 歳のときからずっとここに住んでいます。)

 □

意味：

---

until 4級

[əntíl] アンティゥ

□ 前 接 **～まで（ずっと）**

wait until 9:00

(9 時まで待つ)

□ until のあとに文がくるとき，未来のことは現在形で

表します。

until は「～までずっと…している」
と言うときに使います。「～までに」
のような締め切りは by で表します。

I'll wait until you say yes.

(あなたが「はい」と言うまで待ちます。)

 □

意味：

---

during 4級

[djúəriŋ] デュアリング

□ 前 **～の間に**

during the summer vacation

(夏休みの間に)

□ 「1 か月間」のように期間の長さを表すときには for

を使うので注意してください。（→ p.136）

wait for a month (1 か月間待つ)

one 5級
[wʌn] ワン

- 代 **1つ，〜なもの**
- 代名詞の one は，前に出た名詞を繰り返すかわりに使います。

This T-shirt is too small. Can you show me a bigger one?

(このTシャツは小さすぎます。もっと大きいのを見せてくれますか。)

右の文で Do you have it? とすると「なくした私のペン」を持っているかどうかたずねる文になります。

I lost my pen. Do you have one?

(ペンをなくしました。1本持っていますか。)

---

other 4級
[ʌðər] アザァ

- 形 **ほかの**

other students (ほかの生徒たち)

- 代 others には<u>他人</u>という意味もあります。

---

another 4級
[ənʌðər] アナザァ

- 形 **もう1つの**

another cup of tea (もう1杯の紅茶)

- one after another で<u>次から次へと</u>という意味。

マイ例文
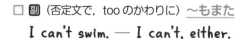

意味：

---

either 3級
[íːðər] イーザァ

- 副 (否定文で，too のかわりに) **〜もまた**

I can't swim. — I can't, either.

(私は泳げません。— 私もです。)

否定文で「〜も」と言うときは too は使わず，かわりに either を使います。

A　　B

- 接 either A or B で **AかBのどちらか一方**という意味です。

neither 3級

[níːðər] ニーザァ

□ 代 どちらも〜ない

---

each 4級

[íːtʃ] イーチ

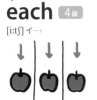

□ 形 (あとに単数の名詞がきて) **それぞれの**

each student (それぞれの生徒)

□ each other で**おたがい**という意味。

help each other (おたがいに助け合う)

---

both 4級

[bouθ] ボウス

□ 代 形 **両方 (の)**

□ 接 both A and B で

A も B も両方とも

という意味です。

---

something 4級

[sʌ́mθiŋ] サムスィング

□ 代 **何か**

□ something to 〜で**何か〜するもの**という意味。

I want something to eat.

(私は何か食べるものがほしい。)

> something のあとに形容詞と to
> 〜がくるときは, something ＋形
> 容詞＋ to 〜の順になります。

□ 形容詞は something のあとにおきます。

something cold (何か冷たいもの)

something cold to drink (何か冷たい飲み物)

□ 疑問文や否定文ではふつう something のかわりに

anything を使いますが, ものをすすめるときには

something を使います。

Do you want something to drink?

(何か飲み物がほしいですか。)

---

anything 4級
[éniθiŋ] エニスィング

□ 代 (疑問文で) **何か**

Anything else? (ほかに何かありますか。)

□ (否定文で) **何も (〜ない)**

I don't have anything to eat.

(私は何も食べるものは持っていません。)

---

everything 4級
[évriθiŋ] エヴリスィング

□ 代 **あらゆること(もの)**

□ everything は複数ではなく単数の主語です。

Everything in this shop is nice.

(この店にあるあらゆるものがすてきです。)

---

nothing という語の中に否定の意味が含まれているので，not を使わなくても否定文のような意味になります。

nothing 4級
[nʌ́θiŋ] ナスィング

□ 代 **何も〜ない**

□ nothing は，1 語で <u>not 〜 anything</u> と同じ意味を表します。

I have nothing to do.
= I don't have anything to do.

(私には何もすることがありません。)

---

someone 3級
[sʌ́mwʌn] サムワン

□ 代 **だれか**

Someone broke the window.

(だれかが窓を割りました。)

□ 否定文・疑問文ではふつう someone のかわりに <u>anyone</u> を使います。

□ somebody (発音は [sʌ́mbɑdi] サムバディ) も同じ意味です。

(somebody のほうがくだけた言い方です。)

▼
anyone 4級
[éniwʌn] エニワン

□ 代 (疑問文で) **だれか**, (否定文で) **だれも**

Does anyone know him?

(だれか彼を知っていますか。)

□ (肯定文で) **だれでも**という意味もあります。

Anyone can do this. (これはだれでもできます。)

▼
everyone 5級
[évriwʌn] エヴリワン

□ 代 **みんな**

□ everyone は複数ではなく単数の主語です。

Everyone knows him. (みんな彼を知っています。)

□ everybody (発音は [évribɑdi] エヴリバディ) も同じ意味です。

(くだけた言い方です。)

▼
no one 4級
[nóu wʌn] ノウワン

□ 代 **だれも～ない**

× noone ではなく, no one と 2 語に
分けて書きます。

No one was in the room.

(部屋にはだれもいませんでした。)

□ nobody (発音は [nóubɑdi] ノウバディ) も同じ意味です。(く

だけた言い方です。)

▼
somewhere 3級
[sʌ́mhwear] サムゥウェアァ

□ 副 **どこかに**

somewhere in the world (世界のどこかに)

▼
anywhere 4級
[énihwear] エニゥウェアァ

□ 副 (疑問文で) **どこかに**, (否定文で) **どこにも**,

(肯定文で) **どこにでも**

▼
everywhere 4級
[évrihwear] エヴリゥウェアァ

□ 副 **どこでも**

解答・解説のページはありません。
それぞれの単語を学習したページにもどって、答えを確認しましょう。

5級

□ ペンをなくしました。1本持っていますか。

I lost my pen. Do you have _____?

4級

□ ほかの _____ □ 両方（の） _____

□ (疑問文で)何か _____ □ あらゆること _____

□ だれも〜ない _____ _____

□ なぜ遅刻したの？― 寝坊したからです。

Why are you late? ― _____ I got up late.

□ もし明日雨なら、私は家にいます。

_____ it rains tomorrow, I'll stay home.

□ 私は健より年上です。　I'm older _____ Ken.

□ 9時まで待つ　　　　wait _____ 9:00

□ 夏休みの間に　　　　_____ the summer vacation

□ もう1杯の紅茶　　　_____ cup of tea

□ おたがいに助け合う　help _____ other

□ 何か冷たいもの　　　_____ cold

□ 私には何もすることがありません。　I have _____ to do.

3級

□ (肯定文で)だれか _____ □ どこかに _____

□ しばらくの間　for a _____

□ 私は昨日からずっと忙しいです。

I've been busy _____ yesterday.

□ 私は泳げません。―私もです。

I can't swim. ― I can't, _____.

can 5級

[kæn] キャン

Can you ~? は友達どうしなどで気軽にお願いするときに使われる言い方です。

can に限らず，助動詞のあとの動詞はいつも原形にします。

□ 助 **～できる**

I can swim. (私は泳げます。)

□ 否定形は <u>can't</u> または <u>cannot</u> で表します。

(can notのように分けて書くことはあまりしません。)

I can't swim. (私は泳げません。)

□ **～してもよい**と許可を与えるときにも使います。

You can use my bike today.

(今日は私の自転車を使ってもいいですよ。)

□ Can you ~? は**～してくれますか**と依頼するときにも使います。

Can you carry this bag? ─ Sure.

(このかばんを運んでくれる？ ─ いいよ。)

□

意味：

□ Can I ~? は**～してもいいですか**という意味です。

Can I use your computer?

(あなたのコンピューターを使ってもいいですか。)

□

意味：

3級 □ **～でありうる**という意味もあり，可能性を言うときに使われます。

His story can't be true.

(彼の物語は本当のはずがありません。)

could 4級

[kud] クド

□ **助** 〜できた （助動詞 can の過去形）

When I was young, I couldn't speak English.

（私は若いときは英語が話せませんでした。）

□ Could you 〜? で**〜していただけますか**という
ていねいなお願いを表します。

**Could you tell me the way to the station?
— Sure.**

（駅までの道を教えていただけますか。— いいですよ。）

□

意味：

---

will 4級

[wil] ウィル

□ **助** 〜だろう

□ I will → I'll, he will → he'll のように，代名詞との
短縮形もよく使われます。

She'll be here. （彼女はここに来るだろう。）

□ will not の短縮形は **won't** （発音は [wount] ウォウント）
です。

She won't be here.

（彼女はここに来ないだろう。）

will も be going to も未来を表します
が，前々から決まっていた予定などに
は be going to がよく使われます。

□ will は**〜します**のようにその場で決めた意志ややる
気などを表すときにも使います。

I'll help you. （手伝いますよ。）

□ Will you 〜? は**〜してくれますか**と依頼すると
きにも使います。

Will you help me, please? — Sure.

（手伝ってくれますか。— いいですよ。）

would  4級

[wud] ウ

I would の短縮形は I'd です。I would like は，会話ではふつう短縮形（I'd like）を使います。

□ 助 助動詞 **will** の過去形

□ I'd like（＝I would like）～は**～がほしい**という意味で，I want のていねいな言い方です。

I'd like some water.（水がほしいのですが。）

□ Would you like ～? は**～がほしいですか**という意味です。(Do you want ～?のていねいな言い方。)ものをすすめるときなどに使われます。

Would you like some tea?

（お茶はいかがですか。）

□ I'd like to ～は**～したい**という意味です。

（I want to ～のていねいな言い方。）

I'd like to go to the museum.

（博物館へ行きたいのですが。）

□ Would you like to ～? で**～したいですか**という意味です。(Do you want to ～?のていねいな言い方。)

Would you like to come with us?

（私たちといっしょに来たいですか。→私たちといっしょに来ませんか。）

□ Would you ～? で**～していただけますか**というていねいなお願いを表します。

Would you open the door?

（ドアを開けていただけますか。）

準2級 □ 「もし…だったら～するのに」という仮定法の文で使われます。

If I had a plane, I would travel around the world.

（もし私が飛行機を持っていたら，世界中を旅するのに。）

shall 4級

[ʃæl] シェアッ

□ 助 Shall I ~? で <u>(私が) ~しましょうか</u>

Shall I open the window? — Yes, please.

(窓を開けましょうか。— はい, お願いします。)

□ Shall we ~? で <u>(いっしょに) ~しましょうか</u>

Shall we order pizza? — Sounds great.

(ピザを頼みましょうか。— いいですね。)

 □

意味:

---

should 4級

[ʃud] シュド

□ 助 <u>~したほうがよい</u>

I think you should see a doctor.

(あなたは医師に診てもらったほうがいいと思います。)

Where should I get off?

(私はどこで降りればいいですか。)

 □

意味:

---

may 4級

[mei] メイ

□ 助 May I ~? で <u>~してもいいですか</u>という意味。

May I use your pencil? — Sure.

(あなたのえんぴつを使ってもいいですか。— もちろん。)

May I ~? は Can I ~? と同じ意味ですが, May I ~? のほうがていねいな言い方です。

3級 □ <u>~かもしれない</u>

That may be true.

(それは本当かもしれません。)

□ 過去形は <u>might</u>（発音は [mait] マイ♭)

232

might  準2級

[mait] マーイト

□ 助 ~かもしれない

It might rain.

（ひょっとしたら雨が降るかもしれません。）

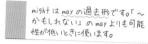

might は may の過去形です。「~かもしれない」の may よりも可能性が低いときに使います。

---

must 4級

[mʌst] マスト

must は「しなければ」と本人が思っているときに使い、have to は客観的な理由で「しなければ」と言うときに使います。

□ 助 ~しなければならない

I must study hard.

（私は一生けんめい勉強しなければなりません。）

□ 否定の must not ~は~してはいけないという

意味を表します。

You must not eat too much.

（食べ過ぎてはいけません。）

3級 □ 助 ~にちがいないという意味にもなります。

He must be hungry.

（彼はおなかがすいているにちがいありません。）

 □

意味：

確認テスト

解答・解説のページはありません。
それぞれの単語を学習したページにもどって，答えを確認しましょう。

5級

☐ 私は泳げます。　　I ＿＿＿＿＿＿＿＿＿ swim.

☐ あなたのコンピューターを使ってもいいですか。

＿＿＿＿＿＿＿＿＿ I use your computer?

4級

☐ will not の短縮形　＿＿＿＿＿＿＿＿　　☐ may の過去形　＿＿＿＿＿＿＿＿

☐ 駅までの道を教えていただけますか。

＿＿＿＿＿＿＿＿＿ you tell me the way to the station?

☐ 彼女はここに来るだろう。　　＿＿＿＿＿＿＿＿＿ be here.

☐ 手伝ってくれますか。　　＿＿＿＿＿＿＿＿＿ you help me, please?

☐ 博物館へ行きたいのですが。　　＿＿＿＿＿＿＿＿＿ like to go to the museum.

☐ ドアを開けていただけますか。

＿＿＿＿＿＿＿＿＿ ＿＿＿＿＿＿＿＿＿ open the door?

☐ 窓を開けましょうか。　　＿＿＿＿＿＿＿＿＿ I open the window?

☐ ピザを頼みましょうか。　　＿＿＿＿＿＿＿＿＿ ＿＿＿＿＿＿＿＿＿ order pizza?

☐ 私はどこで降りればいいですか。　　Where ＿＿＿＿＿＿＿＿＿ I get off?

☐ あなたのえんぴつを使ってもいいですか。

＿＿＿＿＿＿＿＿＿ I use your pencil?

☐ 私は一生けんめい勉強しなければなりません。

I ＿＿＿＿＿＿＿＿＿ study hard.

☐ 食べ過ぎてはいけません。　　You ＿＿＿＿＿＿＿＿＿ not eat too much.

3級

☐ それは本当かもしれません。　　That ＿＿＿＿＿＿＿＿＿ be true.

☐ 彼はおなかがすいているにちがいありません。

He ＿＿＿＿＿＿＿＿＿ be hungry.

plan 4級
[plæn] プレァン

□ 名 計画

Do you have any plans for tomorrow?

(明日は何か計画はありますか。)

□ 動 計画する
□ ing 形は最後の n を重ねて planning。
□ 過去形は最後の n を重ねて planned。

project 4級
[prάdʒekt] プラーヂェクト

□ 名 計画

> 「計画」「案」の意味でよく使う plan に対して、project はより大がかりな計画・企画・事業などをさします。

view 3級
[vju:] ヴュー

□ 名 眺め
□ point of view で視点，見地という意味。

sight 準2級
[sait] サイト

□ 名 見ること，光景，視界

lose sight of him (彼を見失う)

schedule 3級
[skédʒu:l] スケヂュール

□ 名 予定表，スケジュール

class schedule (授業予定表，時間割)

fact 3級
[fækt] フェァクト

□ 名 事実
□ in fact で実はという意味です。

example 3級
[igzǽmpl] イグゼァンプる

□ 名 例
□ for example でたとえばという意味です。

reason 3級
[ríːzn] リーズン

- 名 <u>理由</u>

I have three reasons.

（理由が３つあります。）

---

purpose 準2級
[pə́ːrpəs] パ～パス

- 名 <u>目的</u>

What's the purpose of your visit?

（〈入国審査で〉あなたの訪問の目的は何ですか。）

---

meeting 4級
[míːtiŋ] ミーティング

- 名 <u>会合，会議</u>

---

sightseeing 3級
[sáitsiːiŋ] サイトスィーイング

- 名 <u>観光</u>

---

difference 3級
[dífərəns] ディファレンス

- 名 <u>ちがい</u>

the difference between A and B （AとBのちがい）

---

care 4級
[keər] ケアァ

> careful は「注意深い」，careless は「不注意な」という意味になります。

- 名 <u>注意，世話</u>
- take care of ～で<u>～の世話をする</u>という意味。

She likes taking care of children.

（彼女は子どもの世話をするのが好きです。）

- Take care. は<u>じゃあ気をつけて</u>という意味で，別れるときの気軽なあいさつとして使われます。

---

challenge 2級
[tʃǽlindʒ] チェアリンヂ

- 名 <u>挑戦</u>
- 動 <u>挑戦する</u>

matter 3級
[mǽtər] メァタァ

□ 名 事がら, 問題
□ What's the matter? で**どうかしたの？**という意味。様子がおかしいときなどにたずねる言い方です。

feeling 準2級
[fíːliŋ] フィーリング

□ 名 気持ち
understand his feelings （彼の気持ちを理解する）

condition 2級
[kəndíʃən] コンディション

□ 名 状態, 体調

manner 2級
[mǽnər] メァナァ

□ 名 manners で**行儀, マナー**

tradition 3級
[trədíʃən] トラディション

□ 名 伝統
Japanese tradition （日本の伝統）

adult 3級
[ədʌ́lt] アダット

□ 名 大人

lady 5級
[léidi] レイディ

□ 名 女の人 （woman のていねいな言い方）

gentleman 3級
[dʒéntlmən] ヂェントゥマン

□ 名 男の人 （man のていねいな言い方）
□ 複数形は gentlemen です。

couple 3級
[kʌ́pl] カ**ポ**ウ

- □ 名 **夫婦, カップル**
- □ a couple of ～で **1組の, 2, 3の** という意味。

a couple of mistakes (2, 3のまちがい)

kid 3級
[kid] キッド

- □ 名 **子ども** (child のくだけた言い方)
- □ 動 **からかう** という意味もあります。
- □ No kidding. で **からかわないで, そんなばかな** という意味です。

grandchild 準2級
[grǽndtʃaild] グ**レ**ァンチャイッド

- □ 名 **孫**
- □ 複数形は grandchildren

(発音は [grǽndtʃildrən] グ**レ**ァンチッドレン)

childhood 2級
[tʃáildhud] チャイッドフド

- □ 名 **子ども時代**

in her childhood

(彼女の子ども時代に)

stranger 準2級
[stréindʒər] ストレインヂャァ

- □ 名 **見知らぬ人**
- □ (その土地に住んでいない) **不案内な人** という意味もあります。

I'm a stranger here.

(〈道を聞かれて〉私はこの辺は不案内です。)

customer 4級
[kʌ́stəmər] カ**ス**タマァ

- □ 名 **客**

お店や企業の客をさします。

president 3級
[prézidənt] プレズィデント

□ 名 <u>大統領</u>, <u>社長</u>
the president of the United States
（合衆国大統領）

speech 4級
[spi:tʃ] スピーチ

□ 名 <u>スピーチ</u>, <u>演説</u>
make a speech （スピーチをする）

news 4級
[nju:z] ニューズ

□ 名 <u>ニュース</u>
□ 数えられない名詞なので，前に a をつけません。

web 4級
[web] ウェブ

□ 名 (the web で) <u>ウェブ（インターネット）</u>
on the web （ウェブ上で）

message 4級
[mésidʒ] メスィヂ

□ 名 <u>伝言</u>, <u>メッセージ</u>
□ take a message で<u>伝言を聞く</u>という意味。
□ leave a message で<u>伝言を残す</u>という意味。
Can I leave a message?
（〈電話で〉伝言をお願いできますか。／伝言を残してもいいですか。）

contact 3級
[kántækt] カーンテアクト

□ 名 <u>接触</u>, <u>連絡</u>
□ 動 <u>連絡する</u>という意味もあります。

wish 準2級
[wiʃ] ウィシュ

□ 名 <u>願い</u>
make a wish （願いごとをする）
□ 動 <u>願う</u>という意味もあります。
□ I wish のあとに過去の文を続けて<u>～だったらいい</u>
<u>のに</u>という意味を表します（仮定法）。
I wish I could fly. （空を飛べたらいいのに。）

information 4級
[infərméiʃən] インフォメイション

□ 名 情報
□ 数えられない名詞なので，前に an をつけたり，複数形にしたりしません。

detail 準2級
[díːteil] ディーテイゥ

□ 名 詳細
Tell me the details. (詳細を教えて。)

ticket 5級
[tíkit] ティキット

□ 名 切符，チケット
a train ticket (電車の切符)

日本語につられて「チ」と発音しないように注意。

newspaper 5級
[njúːzpeipər] ニューズペイパァ

□ 名 新聞
read the newspaper (新聞を読む)

bill 2級
[bil] ビゥ

□ 名 紙幣，勘定
pay the bill (勘定を払う)

mirror 3級
[mírər] ミラァ

□ 名 鏡
look into the mirror (鏡の中を見る)

jacket 5級
[dʒǽkit] ジェアキット

□ 名 上着，ジャケット

tie 準2級
[tai] タイ

□ 名 ネクタイ
□ 動 つなぐ，しばるという意味もあります。

240

capital 3級

[kǽpətl] キャピトゥ

□ 名 首都
□ 形 a capital letter で**大文字**という意味。

citizen 準2級

[sítəzn] スィティズン

□ 名 **市民**

> senior citizens で「高齢者，お年寄り」という意味。

area 3級

[éəriə] エリア

□ 名 **地域**
□ **面積**という意味もあります。

prefecture

[prí:fektʃər] プリーフェクチャァ

□ 名 **県**

countryside 準2級

[kántrisaid] カントリサイド

□ 名 **田舎**
live in the countryside (田舎に住む)

prize 3級

[praiz] プラーイズ

□ 名 **賞**
win first prize (1等賞をとる)

award 2級

[əwɔ́:rd] アウォード

□ 名 **賞**

event 4級

[ivént] イヴェント

□ 名 **行事**

tour 4級

[tuər] トゥアァ

□ 名 **旅行**

contest 4級
[kántest] カーンテスト

□ 名 コンテスト
a chorus contest (合唱コンテスト)

ceremony 3級
[sérəmouni] セレモウニィ

□ 名 儀式（ぎしき）
a graduation ceremony (卒業式)

interview 3級
[íntərvju:] インタヴュー

□ 名 面接, インタビュー
have an interview (面接を受ける)

interviewer 2級
[íntərvju:ər] インタヴューア

□ 名 面接官, インタビューアー

part 4級
[pɑ:rt] パート

□ 名 部分
□ (a) part of ～で～の一部

piece 3級
[pi:s] ピース

□ 名 a piece of ～で 1 つの～
□ paper（紙）, cloth（布）, advice（アドバイス）
などの数えられない名詞を 1 つ 2 つと数えるときに
使います。
a piece of paper (1 枚の紙)

pair 3級
[peər] ペァァ

□ 名 a pair of ～で 1 組の～
□ くつなど，2 つの部分からなるものに使います。
a pair of shoes (1 足のくつ)
a pair of pants (1 本のズボン)

bit 準2級
[bit] ビット

□ 名 <u>少量, 少し</u>
□ a bit で <u>ちょっと</u>
I'm a bit tired. (私はちょっぴり疲れました。)

a bit は a little のくだけた言い方です。「ちょっと」は a little bit とも言います。

middle 3級
[mídl] ミドゥ

□ 名 <u>まん中</u> 形 <u>中間の</u>
in the middle of the night (真夜中に)

winner 3級
[wínər] ウィナァ

□ 名 <u>勝者</u>

「敗者」は loser です。

beginner 3級
[bigínər] ビギナァ

□ 名 <u>初心者</u>
a beginner's course (初級コース)

beginning 3級
[bigíniŋ] ビギニング

□ 名 <u>最初</u>
from the beginning (最初から)

ending 2級
[éndiŋ] エンディング

□ 名 <u>終わり</u>

beauty 2級
[bjúːti] ビューティ

□ 名 <u>美しさ</u>
the beauty of nature (自然の美しさ)

fashion 準2級
[fǽʃən] ファション

□ 名 <u>流行, ファッション</u>

image 準2級
[ímidʒ] イミヂ

□ 名 <u>イメージ, 像, 画像</u>

解答・解説のページはありません。
それぞれの単語を学習したページにもどって，答えを確認しましょう。

4級

☐ 会合，会議 _____ ☐ ニュース _____

☐ 情報 _____ ☐ 行事 _____

☐ コンテスト _____

☐ 明日は何か計画はありますか。

Do you have any _____ for tomorrow?

☐ 〜の世話をする take _____ of 〜

☐ スピーチをする make a _____

☐ 伝言を残す leave a _____

☐ 〜の一部 (a) _____ of 〜

3級

☐ 眺め _____ ☐ 事実 _____

☐ 例 _____ ☐ 理由 _____

☐ ちがい _____ ☐ 伝統 _____

☐ 実は in _____

☐ たとえば for _____

☐ AとBのちがい the _____ between A and B

☐ どうかしたの？ What's the _____ ?

☐ 1枚の紙 a _____ of paper

☐ 1足のくつ a _____ of shoes

準2級

☐ （入国審査で）あなたの訪問の目的は何ですか。

What's the _____ of your visit?

☐ （道を聞かれて）私はこの辺は不案内です。 I'm a _____ here.

mind 3級

[maind] マーインド

- □ 名 **心（頭の中）**

  in my mind （私の心の中で[頭の中で]）

- □ make up my mind で**決心する**という意味です。

- □ 動 **気にする**という意味もあります。Never mind. で**気にしないで**という意味です。

- □ Do you mind if ～? で**～したら気にしますか**という意味です。ていねいに許可を求める言い方です。

  Do you mind if I turn on the TV? — Not at all.

  （テレビをつけたら気にしますか。— いいえ，全然。

  → テレビをつけてもかまいませんか。— ええ，どうぞ。）

---

memory 3級

[mémɔri] メモリ

- □ 名 **記憶**

- □ 複数形は y を ie にして **memories**。

---

voice 3級

[vɔis] ヴォーイス

- □ 名 **声**

  hear her voice （彼女の声が聞こえる）

---

opinion 3級

[əpínjən] オピニョン

- □ 名 **意見**

- □ in my opinion で**私の意見では**という意味です。

---

interest 3級

[íntərist] インタリスト

- □ 名 **興味**

  have an interest （興味がある）

- □ 最初を強く読みます。

advice 3級
[ədváis] アドヴァーイス

- 名 <u>助言, アドバイス</u>
- 数えられない名詞なので, 前に an をつけたり, 複数形にしたりしません。

report 4級
[ripɔ́ːrt] リポート

- 名 <u>レポート, 報告</u>

write a report about ～

(～についてのレポートを書く)

the weather report

(気象情報, 天気予報)

mistake 3級
[mistéik] ミステイク

- 名 <u>誤り</u>
- make a mistake で<u>まちがえる</u>という意味です。

Don't be afraid of making mistakes.

(まちがえることを恐れないで。)

promise 3級
[prɑ́mis] プラーミス

- 名 <u>約束</u>
- make a promise で<u>約束する</u>という意味です。
- 動 <u>約束する</u>という意味もあります。

I promise. (約束します。)

mission 2級
[míʃən] ミション

- 名 <u>任務, 使命</u>

peace 3級
[piːs] ピース

- 名 <u>平和</u>
- in peace で<u>平和に</u>という意味です。

live in peace (平和に暮らす)

war 3級
[wɔːr] ウォーァ

□ 名 <u>戦争</u>
World War II
(第二次世界大戦)

victim 2級
[víktəm] ヴィクティム

□ 名 <u>被害者</u>

freedom 2級
[fríːdəm] フリーダム

□ 名 <u>自由</u>
freedom of speech (言論の自由)

friendship 準2級
[fréndʃip] フレンドシプ

□ 名 <u>友情</u>

gesture 準2級
[dʒéstʃər] ヂェスチャァ

□ 名 <u>身ぶり</u>, <u>ジェスチャー</u>

meaning 3級
[míːniŋ] ミーニング

□ 名 <u>意味</u>
the meaning of this word
(この単語の意味)

title 準2級
[táitl] タイトゥ

□ 名 <u>タイトル</u>, <u>肩書</u>

system 準2級
[sístəm] スィステム

□ 名 <u>システム</u>, <u>制度</u>, <u>体系</u>
change the education system
(教育制度を変える)

▼
trouble 3級
[trʌ́bl] トラ゙ブゥ

□ 名 **困ること**

I'm in trouble.

(トラブルに巻き込まれました。／困ったなあ。)

▼
accident 3級
[ǽksədent] エァクスィデント

□ 名 **事故**

a car accident (自動車事故)

▼
trade 2級
[treid] トレイド

□ 名 **貿易**

□ 動 **取引する**

▼
guide 3級
[gaid] ガーイド

□ 名 **案内人, ガイド**

a tour guide (観光ガイド)

a guide dog (盲導犬)

▼
interpreter 2級
[intə́:rpritər] インター〜プリタァ

□ 名 **通訳者**

▼
speaker 準2級
[spíːkər] スピーカァ

□ 名 **話し手, スピーカー**

▼
clerk 4級
[kləːrk] クラ〜ク

□ 名 **店員**

▼
staff 3級
[stæf] ステァフ

□ 名 **職員, スタッフ**

staff は「職員たち」全員をさす言葉。 一人ひとりは a staff member のように言います。

▼
worker 3級
[wə́ːrkər] ワーカァ

□ 名 **働く人**

an office worker (オフィスで働く人, 会社員)

---

chef 3級
[ʃef] シェフ

□ 名 <u>シェフ, 料理長</u>

farmer 4級
[fáːrmər] ファーマァ

□ 名 <u>農場経営者, 農家の人</u>

scientist 3級
[sáiəntist] サーイエンティスト

□ 名 <u>科学者</u>

 つづりに注意。s のあとの c を忘れないように。

She's a scientist.（彼女は科学者です。）

engineer 準2級
[endʒiníər] エンヂニアァ

□ 名 <u>技師</u>

programmer 準2級
[próugræmər] プロウグラマァ

□ 名 <u>プログラマー</u>

astronaut 3級
[ǽstrənɔːt] エァストロノート

□ 名 <u>宇宙飛行士</u>

athlete 準2級
[ǽθliːt] エァスリート

□ 名 <u>運動選手, アスリート</u>

writer 4級
[ráitər] ライタァ

□ 名 <u>作家</u>

singer 5級
[síŋər] スィンガァ

□ 名 <u>歌手, 歌い手</u>

 -er は「〜する人」の意味。write する人が writer で, sing する人が singer です。

He's a good singer.（彼は歌が上手です。）

musician 3級 □ 名 <u>音楽家</u>
[mjuːzíʃən] ミューズィシャン

pianist 5級 □ 名 <u>ピアニスト</u>
[píːənist] ピーアニスト

artist 4級 □ 名 <u>芸術家</u>
[áːrtist] アーティスト

painter 準2級 □ 名 <u>画家</u>
[péintər] ペインタァ

photographer 3級 □ 名 <u>写真家</u>
[fətágrəfər] フォターグラファァ

designer 準2級 □ 名 <u>デザイナー</u>, <u>設計者</u>
[dizáinər] ディザイナァ

reporter 3級 □ 名 <u>記者</u>
[ripɔ́ːrtər] リポータァ

journalist 準2級 □ 名 <u>ジャーナリスト</u>
[dʒə́ːrnəlist] ヂャ〜ナリスト

driver 5級 □ 名 <u>運転手</u>
[dráivər] ドラーイヴァァ

officer 5級
[ɔ́:fisər] オーフィサァ

- □ 名 (税関などの) 係官
- □ police officer で警察官という意味。

law 2級
[lɔ:] ロー

- □ 名 法律

    against the law (法律に違反して)

lawyer 2級
[lɔ́:jər] ローヤァ

- □ 名 弁護士

actor 4級
[ǽktər] エアクタァ

- □ 名 俳優
- □ 「演技する」は act。

vet 準2級
[vet] ヴェト

- □ 名 獣医師

dentist 4級
[déntist] デンティスト

- □ 名 歯科医師

carpenter 3級
[kɑ́:rpəntər] カーペンタァ

- □ 名 大工

coach 3級
[koutʃ] コウチ

- □ 名 (競技の) コーチ

leader 3級
[lí:dər] リーダァ

- □ 名 指導者, リーダー
- □ 「指導する」は lead。

career 準2級
[kəríər] カリアァ

- □ 名 職業, 経歴

> アクセント注意。後ろを強く読みます。

解答・解説のページはありません。
それぞれの単語を学習したページにもどって，答えを確認しましょう。

4級

☐ 農場経営者 ＿＿＿＿＿＿＿＿ ☐ 作家 ＿＿＿＿＿＿＿＿

☐ 芸術家 ＿＿＿＿＿＿＿＿ ☐ 俳優 ＿＿＿＿＿＿＿＿

☐ 歯科医師 ＿＿＿＿＿＿＿＿

☐ 〜についてのレポートを書く　write a ＿＿＿＿＿＿＿＿ about 〜

3級

☐ 声 ＿＿＿＿＿＿＿＿ ☐ 意見 ＿＿＿＿＿＿＿＿

☐ 助言, アドバイス ＿＿＿＿＿＿＿＿ ☐ 約束, 約束する ＿＿＿＿＿＿＿＿

☐ 平和 ＿＿＿＿＿＿＿＿ ☐ 戦争 ＿＿＿＿＿＿＿＿

☐ 約束 ＿＿＿＿＿＿＿＿ ☐ 意味 ＿＿＿＿＿＿＿＿

☐ 案内人, ガイド ＿＿＿＿＿＿＿＿ ☐ スタッフ ＿＿＿＿＿＿＿＿

☐ 働く人 ＿＿＿＿＿＿＿＿ ☐ 科学者 ＿＿＿＿＿＿＿＿

☐ 音楽家 ＿＿＿＿＿＿＿＿ ☐ 記者 ＿＿＿＿＿＿＿＿

☐ まちがえる　make a ＿＿＿＿＿＿＿＿

☐ トラブルに巻き込まれました。　I'm in ＿＿＿＿＿＿＿＿.

☐ 自動車事故　a car ＿＿＿＿＿＿＿＿

準2級

☐ 友情 ＿＿＿＿＿＿＿＿ ☐ タイトル, 肩書 ＿＿＿＿＿＿＿＿

☐ 技師 ＿＿＿＿＿＿＿＿ ☐ 運動選手 ＿＿＿＿＿＿＿＿

☐ 獣医師 ＿＿＿＿＿＿＿＿ ☐ 職業, 経歴 ＿＿＿＿＿＿＿＿

quickly 3級

[kwíkli] クウィックリ

□ 副 すばやく

move quickly (すばやく動く)

---

slowly 4級

[slóuli] スロウリ

□ 副 ゆっくりと

speak more slowly (もっとゆっくり話す)

---

easily 4級

[í:zəli] イーズィリ

□ 副 簡単に

Don't give up easily.

(簡単にあきらめないで。)

---

clearly 3級

[klíərli] クリアリ

□ 副 はっきりと

speak clearly (はっきりと話す)

---

carefully 3級

[kéərfli] ケアフリ

□ 副 注意深く

listen carefully (注意深く聞く)

---

suddenly 3級

[sʌ́dnli] サドンリ

□ 副 突然

Suddenly, it started raining.

(突然雨が降りだしました。)

---

greatly 準2級

[gréitli] グレイトリ

□ 副 おおいに, 非常に

---

quietly 2級

[kwáiətli] クワイエトリ

□ 副 静かに

close the door quietly (ドアを静かに閉める)

finally `3級`
[fáinəli] ファーイナリ

at last も finally と同じように「最後に、ついに」の意味で使われます。

□ 副 最後に，ついに

I finally decided to go.

（私はついに行くことに決めました。）

---

actually `3級`
[æktʃuəli] エァクチュアリ

□ 副 実は

Actually, I'm not interested at all.

（実は，私は全然興味がありません。）

---

especially `3級`
[ispéʃəli] イスペシャリ

□ 副 特に

I like animals, especially dogs.

（私は動物，特に犬が好きです。）

---

recently `3級`
[ríːsntli] リースントリィ

□ 副 最近

I met him recently. （私は最近彼に会いました。）

---

probably `3級`
[prɑ́bəbli] プラーバブリ

□ 副 たぶん

You're probably right.

（あなたはたぶん正しい。）

---

perhaps `準2級`
[pərhǽps] パヘァプス

□ 副 もしかしたら（～かもしれない）

probably は確率が高いときに使います。perhaps と maybe はほぼ同じで，確率が半分以下のときに使います。

---

maybe `5級`
[méibi] メイビ

□ 副 もしかしたら（～かもしれない）

Maybe it'll rain tomorrow.

（もしかしたら明日は雨が降るかもしれません。）

254

anyway ３級
[éniwei] エニウェイ

□ 副 **とにかく**, **いずれにしても**

□ Thank you anyway. は**いずれにしてもありが**
とうの意味で，相手の好意を受け取れなかったとき
などに使います。

Could you tell me how to get to the station?
— I'm sorry, I don't know. — OK. Thanks anyway.

(駅までの道を教えてもらえますか。— すみません，知りません。

— いずれにしてもありがとう。)

□ 話題を変えるとき，**とにかく**の意味で使われます。

anymore ３級
[enimɔ́:r] エニモーァ

□ 副 **もはや**, **これ以上**

I can't walk anymore. (私はもうこれ以上歩けません。)

instead ３級
[instéd] インステッド

□ 副 **そのかわりに**

□ instead of ～で**～のかわりに**という意味です。

once ４級
[wʌns] ワンス

「2回」は twice という1語で表
します。「3回」は three times
です。

□ 副 **1回**

□ once a week で**週に1回**, once a month で
月に1回という意味です。

have piano lessons once a week

(週に1回ピアノのレッスンがある)

□ once には**かつて**という意味もあります。

He once lived in Tokyo.

(彼はかつて東京に住んでいました。)

□ at once で**すぐに**という意味です。

Come here at once. (すぐここに来なさい。)

3級 □ 経験を表す文で **1度**の意味でよく使われます。

I have visited Nara once.

（私は1度奈良を訪れたことがあります。）

---

twice 4級

[twais] トワイス

□ 副 **2度, 2回**

I've been there twice.

（私はそこに2度行ったことがあります。）

---

never 3級

[névər] ネヴァァ

□ 副 **決して～ない**

I'll never forget this trip.

（私は決してこの旅行を忘れません。）

- - - - - - -

3級 □ **1度も～ない**の意味で, 現在完了形の経験の文で

よく使われます。

I've never been to Hokkaido.

（私は1度も北海道へ行ったことがありません。）

---

ever 3級

[évər] エヴァァ

□ 副 **今までに**

□ Have you ever ～? で**今までに～したことが**

ありますかという意味。

Have you ever been to Osaka?

（今までに大阪へ行ったことがありますか。）

> ever は「どんなときでも」という意味で, Do you ever ～? で現在の習慣をたずねることもあります。

---

forever 3級

[fərévər] フォレヴァァ

□ 副 **永遠に**

---

someday 4級

[sʌ́mdei] サムデイ

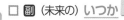
someday のかわりに sometime と言うこともあります（意味は同じです）。

□ 副 （未来の）**いつか**

I want to go to Italy someday.

（私はいつかイタリアに行きたい。）

---

even 3級

[íːvən] イーヴン

□ 副 **〜でさえ**

We work even on Sundays.

（私たちは日曜日でも働きます。）

---

else 3級

[els] エルス

□ 副 **そのほかに**

Anything else? は飲食店で「ご注文は以上ですか」の意味でよく使われます。

Anything else?

（ほかに何か〈ありますか〉。）

---

besides 2級

[bisáidz] ビサイヅ

□ 副 **その上**

I'm tired. Besides, I'm sleepy.

（私は疲れています。それに，眠いです。）

---

still 4級

[stil] スティル

□ 副 **まだ**

still はふつう肯定文で使います。否定文で「まだ〜ない」と言うときは yet を使います。

It's still raining. （まだ雨が降っています。）

---

already 4級

[ɔːlrédi] オールレディ

□ 副 **すでに，もう**

It's already ten. （もう10時です。）

3級 □ 完了を表す現在完了形の文でよく使われます。

I've already had dinner.

（私はもう夕食を食べました。）

257

yet 4級
[jet] イェト

- □ 副 現在完了形の否定文で**まだ**の意味を表します。

I haven't had lunch yet.

(私はまだ昼食を食べていません。)

- □ 現在完了形の疑問文で**もう**の意味で使われます。

Have you finished yet? — No, not yet.

(もう終えましたか。— いいえ，まだです。)

far 4級
[fɑːr] ファーァ

far はふつう疑問文・否定文で使い，肯定文で「遠い」と言うときは a long way を使います。

- □ 副 **遠くに**

Is it far from here?

(それはここから遠いですか。)

- □ far away で**遠く離れて**という意味。
- □ How far ~? は**どのくらい離れて**の意味。

How far is it from here to the station?

(ここから駅まではどのくらい離れていますか。)

away 4級
[əwéi] アウェイ

- □ 副 **離れて**

go away (立ち去る)

abroad 3級
[əbrɔ́ːd] アブロード

- □ 副 **外国に**

travel abroad (外国旅行をする)

- □ abroad の前に to や in などの前置詞は入りません。

「外国に行く」

× go to abroad   ○ **go abroad**

overseas 準2級
[òuvərsíːz] オウヴァ**スィー**ズ

over (~を越えて) + seas (海) で，「海外で」。

- □ 副 **海外へ [で]**

travel overseas (海外旅行に行く)

- □ 形 **海外の**

258

forward 3級

[fɔ́:rwərd] フォーワド

- □ 副 <u>前方へ</u>

  move forward (前に進む)
- □ look forward to 〜で<u>〜を楽しみに待つ</u>という意味です。to のあとには名詞か動名詞（ing 形）がきます。

  I'm looking forward to seeing you.

  （私はあなたに会うのを楽しみにしています。）

certainly 3級

[sə́:rtnli] サ〜トンリ

- □ 副 <u>確かに</u>
- □ Certainly. は<u>承知しました</u>という意味の返事です。

  May I have some water, please?
  — Certainly.

  （お水をいただけますか。— かしこまりました。）

「承知しました。」という意味の Certainly. は Sure. よりもかなりかしこまった了解の返事です。

exactly 準2級

[igzǽktli] イグゼアクトリ

- □ 副 <u>正確に</u>

Exactly. は「その通りです。」というあいづちとしても使われる。

sincerely 3級

[sinsíərli] スィンスィアリ

- □ 副 <u>心から</u>
- □ Sincerely または Sincerely yours は<u>敬具</u>のような意味で，手紙の最後，書き手のサインの直前につける言葉です。

fortunately 2級

[fɔ́:rtʃənətli] フォーチュネトリ

- □ 副 <u>幸運にも</u>

  Fortunately, no one was hurt.

  （幸運にもけが人はいませんでした。）

quite 3級

[kwait] クワイト

- □ 副 <u>まったく</u>

  She is quite busy. （彼女はとても忙しいです。）

259

確認テスト

解答・解説のページはありません。
それぞれの単語を学習したページにもどって, 答えを確認しましょう。

4級

□ ゆっくりと ＿＿＿＿＿＿ □ 簡単に ＿＿＿＿＿＿

□ 1回 ＿＿＿＿＿＿ □ 2度, 2回 ＿＿＿＿＿＿

□ (未来の)いつか ＿＿＿＿＿＿ □ (否定文で)まだ ＿＿＿＿＿＿

□ 遠くに ＿＿＿＿＿＿ □ 離れて ＿＿＿＿＿＿

□ まだ雨が降っています。 It's ＿＿＿＿＿＿ raining.

3級

□ 注意深く ＿＿＿＿＿＿ □ 突然 ＿＿＿＿＿＿

□ 最後に, ついに ＿＿＿＿＿＿ □ 実は ＿＿＿＿＿＿

□ 特に ＿＿＿＿＿＿ □ たぶん ＿＿＿＿＿＿

□ 最近 ＿＿＿＿＿＿ □ とにかく ＿＿＿＿＿＿

□ そのかわりに ＿＿＿＿＿＿ □ 永遠に ＿＿＿＿＿＿

□ 私は1度奈良を訪れたことがあります。 I have visited Nara ＿＿＿＿＿＿.

□ 私は1度も北海道へ行ったことがありません。

　 I've ＿＿＿＿＿＿ been to Hokkaido.

□ 今までに大阪へ行ったことがありますか。

　 Have you ＿＿＿＿＿＿ been to Osaka?

□ 私たちは日曜日でも働きます。 We work ＿＿＿＿＿＿ on Sundays.

□ ほかに何か (ありますか)。 　 Anything ＿＿＿＿＿＿?

□ 私はもう夕食を食べました。 I've ＿＿＿＿＿＿ had dinner.

□ 私はあなたに会うのを楽しみにしています。

　 I'm looking ＿＿＿＿＿＿ to seeing you.

introduce 3級
[ìntrədjú:s] イントロデュース

□ 動 <u>紹介する</u>
introduce a friend (友達を紹介する)

---

suggest 準2級
[sədʒést] サチェスト

□ 動 <u>提案する</u>

---

recommend 準2級
[rèkəménd] レコメンド

□ 動 <u>すすめる</u>
What do you recommend? (あなたのおすすめは何？)

---

invent 準2級
[invént] インヴェント

□ 動 <u>発明する</u>

---

raise 3級
[reiz] レイズ

□ 動 <u>上げる</u>
Raise your hand. (手をあげて。)

□ <u>育てる</u>という意味もあります。
He was born and raised in Australia.
(彼はオーストラリアで生まれ育ちました。)

---

wake 4級
[weik] ウェイク

□ 動 wake up で<u>目を覚ます</u>
□ 過去形は <u>woke</u> (発音は [wouk] ウォウク)

---

support 2級
[səpɔ́:rt] サポート

□ 動 <u>支える</u>
We're supported by many people.
(私たちはたくさんの人々に支えられています。)

✎ マイ例文
□
意味：

blow
[blou] ブロウ

□ 動 **吹く**

The wind is blowing from the west.

(風が西から吹いています。)

□ blow off で**吹き飛ばす**という意味です。

□ 過去形は **blew**（発音は [blu:] ブルー）

3級 □ 過去分詞は **blown**（発音は [bloun] ブロウン）

---

reach 3級
[ri:tʃ] リーチ

□ 動 **着く**

We reached the town at noon.

(私たちは正午にその町に着きました。)

□ **届く**，**手を伸ばす**という意味もあります。

I reached toward him. (私は彼に手を伸ばしました。)

---

enter 3級
[éntər] エンタァ

□ 動 **入る**

enter the house

(その家に入る)

---

cross 3級
[krɔːs] クロース

□ 動 **横切る**

cross the street

(通りを横切る)

---

collect 4級
[kəlékt] コレクト

□ 動 **集める**

collect cans for recycling

(リサイクルのために缶を集める)

gather 準2級

[gǽðər] ギャザァ

- 動 **集める**
- **集まる**という意味もあります。

A lot of people gathered around him.

(たくさんの人々が彼のまわりに集まりました。)

---

communicate 準2級

[kəmjúːnəkeit] コミューニケイト

- 動 **通信する, 意思を伝え合う**
- communicate with ～で**～と通信する, 意思を伝え合う**という意味です。

communicate with him

(彼と意思を伝え合う)

---

notice 4級

[nóutis] ノウティス

- 動 **気づく**

I didn't notice my mistake.

(私は自分のまちがいに気づきませんでした。)

- 名 **張り紙**や**通知**という意味もあります。

There is a notice saying, "Do not enter."

(「入るな」と書いてある張り紙があります。)

---

imagine 2級

[imǽdʒin] イメァヂン

- 動 **想像する**

I can't imagine life without TV.

(私はテレビのない生活なんて想像できません。)

---

wonder 準2級

[wʌ́ndər] ワンダァ

- 動 **不思議に思う**
- I wonder ～. で**～かと思う**という意味です。

I wonder who will come to the party.

(だれがパーティーに来るんだろうか。)

surprise 3級
[sərpráiz] サプ**ラ**ーイズ

□ 動 驚かせる

His letter surprised me.

(彼の手紙は私を驚かせました。)

disagree 準2級
[disəgríː] ディサグ**リ**ー

agree（同意する）の反対語です。

□ 動 意見が合わない

exchange 3級
[ikstʃéindʒ] イクス**チェ**インヂ

□ 動 交換する

exchange e-mails

(メールをやり取りする)

□ 名 交換

pay 3級
[pei] ペイ

□ 動 支払う

□ 過去形は paid （発音は [peid] ペイド）

pay a lot of money (たくさんのお金を払う)

shout 3級
[ʃaut] シャーウト

□ 動 叫ぶ

chat 準2級
[tʃæt] チャット

□ 動 おしゃべりする

express 4級
[iksprés] イクスプ**レ**ス

□ 動 表現する

express my feelings (自分の感情を表現する)

□ 名 速達, 急行という意味もあります。

lie `2級`

[lai] ラーイ

- □ 動 **うそをつく**
  Don't lie. (うそをついてはいけません。)
- □ **横になる**という意味もあります。
- □ ing 形は ie を y にかえて **lying** です。
- □ 名 **うそ**

---

lay `準2級`

[lei] レイ

- □ 動 **横たえる**
- □ 過去形は **laid** (発音は [leid] レイド)

  I laid the board on the ground.

  (私は板を地面に置きました。)
- □ lay eggs で**卵を産む**という意味になります。

---

protect `3級`

[prətékt] プロテクト

- □ 動 **保護する**

  protect the environment

  (環境を保護する)

---

control `3級`

[kəntróul] コントロウゥ

- □ 動 **管理する**

---

drop `4級`

[drɑp] ドラーゥ

- □ 動 **落とす**
- □ ing 形は最後の p を重ねて **dropping**。
- □ 過去形は p を重ねて **dropped**。

  Excuse me. You dropped something.

  (すみません。何か落としましたよ。)

---

knock `3級`

[nɑk] ナーッ

最初の k は発音しません。

- □ 動 **ノックする**
- □ 名 **ノック**

33

中2〜入試レベルの動詞①

lead 2級
[liːd] リード
- 動 導く
- 過去形・過去分詞形は led（発音は [led] レ㌦）

dive 2級
[daiv] ダィヴ
- 動 飛び込む
  dive into the pool （プールに飛び込む）

search 準2級
[səːrtʃ] サ〜ㅊ
- 動 検索する，さがす

print 3級
[print] プリント
- 動 印刷する

boil 2級
[bɔil] ボィㇽ
- 動 煮る，ゆでる
  boiled water （ふっとうしたお湯）

stretch 準2級
[stretʃ] スㇳレッチ
- 動 伸ばす
  Stretch your arms. （両腕を伸ばして。）

hang 3級
[hæŋ] ヘァング
- 動 掛ける
  Hang your coat here. （ここにコートを掛けて。）

deliver 準2級
[dilívər] ディリヴァァ
- 動 届ける

宅配・配達を表す delivery [ディ リヴァリ] は名詞形です。

transport 2級
[trænspɔ́ːrt] トランスポート
- 動 輸送する

266

steal 3級
[sti:l] ｽﾃｨｰｸ

- □ 動 <u>盗む</u>
- □ 過去形は <u>stole</u>［ｽﾄｩｰ］，過去分詞形は <u>stolen</u>［ｽﾄｩ ﾙﾝ］です。

graduate 3級
[grǽdʒueit] ｸﾞﾚｧﾃﾞｭｴｲﾄ

- □ 動 <u>卒業する</u>

graduate from junior high school
(中学校を卒業する)

marry 準2級
[mǽri] ﾒｱﾘｨ

- □ 動 <u>結婚する</u>

Will you marry me? (ぼくと結婚してくれませんか。)

pray 2級
[prei] ｸﾟﾚｲ

- □ 動 <u>祈る</u>

trust 準2級
[trʌst] ﾄﾗｽﾄ

- □ 動 <u>信用する</u>　名 <u>信用</u>

Trust me. (私を信じて。)

judge 3級
[dʒʌdʒ] ﾁｬｯﾁ

- □ 動 <u>判断する</u>
- □ 名 <u>裁判官</u>という意味もあります。

hate 3級
[heit] ﾍｲﾄ

- □ 動 <u>にくむ，ひどくきらう</u>

I hate rainy days. (私は雨の日が大きらいです。)

survive 準2級
[sərváiv] ｻｳﾞｧｲｳﾞ

- □ 動 <u>生き残る</u>

She survived the accident.

(彼女はその事故で生き残りました。)

satisfy 準2級
[sǽtisfai] ｾｱﾃｨｽﾌｧｲ

アクセントは最初にあります。

- □ 動 <u>満足させる</u>

He is not satisfied with his performance.

(彼は自分の演技[演奏]に満足していません。)

確認テスト

解答・解説のページはありません。
それぞれの単語を学習したページにもどって，答えを確認しましょう。

4級

□ 目を覚ます ＿＿＿＿＿＿＿ up □ 落とす ＿＿＿＿＿＿＿

□ リサイクルのために缶を集める

＿＿＿＿＿＿＿ cans for recycling

3級

□ 着く，届く ＿＿＿＿＿＿＿ □ 驚かせる ＿＿＿＿＿＿＿

□ 支払う ＿＿＿＿＿＿＿ □ 叫ぶ ＿＿＿＿＿＿＿

□ 保護する ＿＿＿＿＿＿＿ □ 管理する ＿＿＿＿＿＿＿

□ 盗む ＿＿＿＿＿＿＿

□ 友達を紹介する ＿＿＿＿＿＿＿ a friend

□ 手をあげて。 ＿＿＿＿＿＿＿ your hand.

□ その家に入る ＿＿＿＿＿＿＿ the house

□ 通りを横切る ＿＿＿＿＿＿＿ the street

□ メールをやり取りする ＿＿＿＿＿＿＿ e-mails

準2級

□ 提案する ＿＿＿＿＿＿＿ □ すすめる ＿＿＿＿＿＿＿

□ 不思議に思う ＿＿＿＿＿＿＿ □ 結婚する ＿＿＿＿＿＿＿

2級

□ 私たちはたくさんの人々に支えられています。

We're ＿＿＿＿＿＿＿ by many people.

□ うそをついてはいけません。

Don't ＿＿＿＿＿＿＿.

danger 準2級
[déindʒər] ディンヂャァ

□ 名 危険

---

safety 3級
[séifti] セイフティ

□ 名 安全

Safety first.

(安全第一。)

---

habit 3級
[hǽbit] ヘァビト

□ 名 （個人の）習慣

---

custom 準2級
[kʌ́stəm] カスタム

□ 名 （社会の）慣習

---

greeting 2級
[gríːtiŋ] グリーティング

□ 名 あいさつ

exchange greetings

(あいさつを交わす)

---

expression 2級
[ikspréʃən] イクスプレション

□ 名 表現

useful expressions

(便利な表現)

---

past 準2級
[pæst] ペァスト

□ 名 形 過去(の)
□ 前 ～を過ぎて

「過去」(past) に対して「現在」は present，「未来」は future と言います。

fifteen past ten (10時15分)

269

meal 3級
[mi:l] ミール
□ 名 食事

meat 5級
[mi:t] ミート
□ 名 肉

「豚肉」は pork,「牛肉」は beef,「鶏肉」は chicken です。

board 2級
[bɔ:rd] ボード
□ 名 板, 黒板
Look at the board. (黒板を見なさい。)

tonight 5級
[tənáit] トゥナイト
□ 副 名 今夜

正午（昼の12時）は noon です。

midnight 3級
[mídnait] ミドナイト
□ 名 深夜（夜中の12時）
at midnight (深夜0時に)

moment 4級
[móumənt] モウメント
□ 名 瞬間
□ a moment でちょっとの間という意味。
Wait a moment.
(ちょっと待ってください。)

century 3級
[séntʃəri] センチュリ
□ 名 世紀
the twentieth century (20世紀)
the twenty-first century (21世紀)

entrance 3級
[éntrəns] エントランス
□ 名 入り口
□ entrance exam で入学試験という意味です。

medicine 3級
[médsən] メドスン
- 名 薬
- take medicine で薬を飲むという意味です。

environment 3級
[inváirənmənt] インヴァーイランメント
- 名 環境

> つづりに注意しましょう。

save the environment (環境を守る)

pollution 3級
[pəlú:ʃən] ポルーション
- 名 汚染

environmental pollution (環境汚染)

smoke 2級
[smouk] スモウク
- 名 煙

garbage 5級
[gá:rbidʒ] ガービヂ
- 名 生ごみ

trash 3級
[træʃ] トレアシュ
- 名 ごみ

a trash can (ごみバケツ)

can 2級
[kæn] キャン
- 名 缶

cans and bottles (缶とびん)

> 「ペットボトル」は和製英語。英語では plastic bottle と言います。

bottle 4級
[bátl] バートォ
- 名 びん

farming 準2級
[fá:rmiŋ] ファーミング
- 名 農業

plastic bag 準2級 □ 名 ビニール袋
[plǽstik bǽg] プ**レア**ズティク ベァグ

gas 準2級 □ 名 気体, ガソリン (gasoline)
[gǽs] ギャ_ス
a gas station (ガソリンスタンド)

global warming □ 名 地球温暖化
[glòubəl wɔ́:rmiŋ] グロウバッ **ウォ**ーミング 準2級

cherry 4級 □ 名 さくらんぼ, さくら
[tʃéri] **チェ**リ
a cherry tree (桜の木)

blossom 2級 □ 名 (木になる) 花
[blásəm] ブ**ラ**ーサム
cherry blossoms (桜の花)

Mt. 4級 □ 名 〜山 (Mount の略で, 山の名前の前につける)
[maunt] マーウント
Mt. Fuji (= Mount Fuji) (富士山)

tear 3級 □ 名 (ふつう tears で) 涙
[tíər] **ティ**アァ

health 準2級 □ 名 健康
[helθ] **ヘ**ゥス

disease 準2級 □ 名 病気
[dizí:z] ディ**ズ**ィーズ
heart disease (心臓病)

272

injury 準2級
[índʒəri] インデュリ

□ 名 けが

---

insect 準2級
[ínsekt] インセクト

□ 名 昆虫

---

creature 2級
[kríːtʃər] クリーチァ

□ 名 生き物

---

sunshine 準2級
[sʌ́nʃain] サンシャイン

□ 名 日差し

---

shadow 2級
[ʃǽdou] シェァドウ

□ 名 影, 暗がり

---

shade 2級
[ʃeid] シェイド

□ 名 陰, 日陰

shade は日の当たらない木陰などの場所をさす。

---

rainbow 4級
[réinbou] レインボウ

□ 名 虹

---

typhoon 3級
[taifúːn] タイフーン

□ 名 台風

---

earthquake 準2級
[ə́ːrθkweik] ア~スクウェイク

□ 名 地震

There was an earthquake last night.

(昨夜, 地震がありました。)

---

drill 2級
[dril] ドリゥ

□ 名 訓練
a fire drill (消防訓練)

emergency 準2級
[imə́ːrdʒənsi] イマ〜ヂェンスィ

□ 名 緊急事態

ground 5級
[graund] グラーウンド

□ 名 地面
on the ground (地面の上に)

glove 2級
[glʌ́v] グラッ

□ 名 (ふつう複数形で) 手袋, (野球の) グローブ

globe 2級
[gloub] グロウブ

□ 名 地球(儀), 球

> 「地球規模の」という意味の global
> [グロウバゥ] は globe の形容詞で
> す。

horse 4級
[hɔːrs] ホース

□ 名 馬

cow 5級
[kau] カーウ

□ 名 牛

crane 3級
[krein] クレイン

□ 名 鶴（つる）
a paper crane (折り鶴)

feather 2級
[féðər] フェザァ

□ 名 羽

furniture 準2級

□ 名 家具

[fɔ́ːrnitʃər] ファ〜ニチァ

家具類をまとめてさす語なので a をつけません。

---

harm 2級

□ 名 害

[hɑːrm] ハーム

---

rhythm 2級

□ 名 リズム

[ríðm] リズム

---

audience 準2級

□ 名 聴衆, 観客

[ɔ́ːdiəns] オーディエンス

聴衆・観客をまとめてさす語なので複数形の s はつけません。

---

broadcasting

□ 名 放送

[brɔ́ːdkæstiŋ] ブロードキャスティング 2級

---

independence

□ 名 独立

[indipéndəns] インディペンデンス 2級

---

instruction 準2級

□ 名 指示

[instrʌ́kʃən] インストラクション

---

solution 2級

□ 名 解決策

find a solution (解決策を見つける)

[səlúːʃən] ソルーション

---

movement

□ 名 動き, (社会的な)運動

[múːvmənt] ムーヴメント 準2級

確認テスト

解答・解説のページはありません。
それぞれの単語を学習したページにもどって，答えを確認しましょう。

4級

☐ びん _____ ☐ 馬 _____

☐ ちょっと待ってください。　Wait a _____.

☐ 薬を飲む　take _____

☐ ごみバケツ　a _____ can

3級

☐ 安全 _____ ☐ (個人の)習慣 _____

☐ 食事 _____ ☐ 深夜 _____

☐ 入り口 _____ ☐ 涙 _____

☐ 21 世紀　the twenty-first _____

☐ 環境を守る　save the _____

☐ 折り鶴　a paper _____

準2級

☐ (社会の)慣習 _____ ☐ 過去 _____

☐ ビニール袋 _____ bag ☐ 気体, ガソリン _____

☐ 健康 _____ ☐ けが _____

☐ 昆虫 _____ ☐ 地震 _____

☐ 地球温暖化　global _____

2級

☐ あいさつ _____ ☐ 表現 _____

☐ 桜の花 _____ _____

worse 3級

[wəːrs] ワース

□ 形 <u>より悪い</u>（bad の比較級）

get worse（悪くなる）

---

worst 3級

[wəːrst] ワースト

□ 形 <u>もっとも悪い</u>（bad の最上級）

> least は little の最上級です。
> little は little—less—least と変化します。

---

least 準2級

[liːst] リースト

□ 形 <u>もっとも少ない</u>

□ 代 at least で<u>少なくとも</u>という意味。

There were at least 100 people in the gym.

（体育館には少なくとも 100 人の人がいました。）

---

common 3級

[kámən] カーモン

□ 形 <u>共通の</u>

a common language（共通の言語）

□ <u>ありふれた</u>という意味もあります。

a common name（ありふれた名前）

---

specific 2級

[spəsífik] スペスィフィク

□ 形 <u>特定の</u>

---

terrible 3級

[térəbl] テリブゥ

□ 形 <u>ひどい</u>

---

elderly 準2級

[éldərli] エゥダリ

> elderly は old（年とった）のていねいな言い方です。

□ 形 <u>年配の</u>

elderly people（お年寄り）

real 3級
[ríːəl] リーアゥ

□ 形 **本当の(本物の)**
No one knows his real name.
(だれも彼の本当の名前を知りません。)

---

true 3級
[truː] トルー

□ 形 **本当の(真実の)**
That's true. (それは本当(真実)です。)
□ come true で**夢が実現する**という意味です。
Finally my dream came true.
(ついに私の夢がかないました。)

---

false 4級
[fɔːls] フォーゥス

「うそか本当か」は true or false と言います。

□ 形 **うその, にせの**

---

secret 3級
[síːkrit] スィークリト

□ 形 **秘密の** 名 **秘密**

---

lost 4級
[lɔːst] ロースト

lost はもともと動詞 lose (失う) の過去分詞です。

□ 形 **なくした**
I found my lost keys.
(なくしたかぎを見つけました。)
□ **道に迷った**という意味もあります。
□ get lost で**道に迷う**という意味です。
I got lost. (道に迷いました。)

---

brave 3級
[breiv] ブレイゥ

□ 形 **勇敢な**

278

interested 3級

[íntəristid] **インタリスティド**

- □ 形 **興味がある**
- □ be interested in ～で**～に興味がある**という意味。

I'm interested in detective stories.

（私は推理小説に興味があります。）

- □ get interested in ～で**～に興味を持つ**という意味。

---

surprised 4級

[sərpráizd] **サプライズド**

- □ 形 **驚いた**

a surprised look （驚いた表情）

- □ be surprised to ～で**～して驚く**という意味。

I was really surprised to see that.

（私はそれを見て本当に驚きました。）

---

excited 4級

[iksáitid] **イクサイティド**

> ing形のexcitingは、an exciting game（わくわくさせる試合）のように、わくわくさせるものや出来事を修飾します。

- □ 形 **興奮した**

excited people

（興奮した人々）

I was excited to see the game.

（私はその試合を見てわくわくしました。）

---

impressed 2級

[imprést] **インプレスト**

> impressは「感銘を与える」「印象を与える」という意味の動詞です。

- □ 形 **感銘を受けた**

I was impressed by his story.

（私は彼の話に感銘を受けました。）

中2～入試レベルの形容詞

bored 準2級
[bɔ:rd] ボード
- 形 退屈した

scared 3級
[skeərd] スケアド
- 形 おびえた

scary 3級
[skéəri] スケアリィ
- 形 こわい
  - a scary dream (こわい夢)

surprising 準2級
[sərpráiziŋ] サプ**ラ**ーイズィング
- 形 驚くべき

well-known 2級
[welnóun] ウェ ノ ウン
- 形 有名な, よく知られた

delicious 4級
[dilíʃəs] ディリシャス
- 形 とてもおいしい

> 「おいしい」は good でも表せますが, delicious は「非常においしい」という意味のほめ言葉として使われます。

The cake looks delicious.
(そのケーキはとてもおいしそうです。)

fresh 3級
[freʃ] フ**レ**ッシュ
- 形 新鮮な

raw 2級
[rɔ:] ロー
- 形 生の
  - raw fish (生魚)

perfect 4級
[pə́:rfekt] パ〜フェクト
- 形 完全な

able
[éibl] エイボゥ

- □ 形 **できる**
- □ be able to **～で～することができる**という意味。
  ### You'll be able to swim soon.
  (あなたはすぐに泳げるようになるでしょう。)

environmental
[inváirənméntl] インヴァーイランメントォ

- □ 形 **環境の**
  environmental problems (環境問題)

plastic
[plǽstik] プレァスティク

- □ 形 **プラスチックの**
  a plastic bag (ビニール袋)

solar
[sóulər] ソウラァ

- □ 形 **太陽の**
  solar power (太陽エネルギー)

injured
[índʒərd] インヂャド

- □ 形 **けがをした**
- □ get injured で**けがをする**という意味。
  He got injured. (彼は負傷しました。)

asleep
[əslíːp] アスリープ

- □ 形 **眠って**
  He's asleep. (彼は眠っています。)

fair
[feər] フェアァ

- □ 形 **公平な**
  fair trade (フェアトレード(途上国との公正な貿易))
- □ **快晴の**という意味もあります。

familiar
[fəmíljər] ファミリャァ

- □ 形 **よく知っている**
  a familiar face (見慣れた顔)

35

中2〜入試レベルの形容詞

clear 5級
[klíər] クリァァ
- □ 形 晴れた, すき通った, はっきりした

clever 3級
[klévər] クレヴァァ
- □ 形 りこうな
  a clever boy （りこうな少年）

playful 2級
[pléifəl] プレイフォゥ
- □ 形 楽しげな, 陽気な

whole 3級
[houl] ホウゥ
- □ 形 全体の
  the whole world （全世界）

wild 3級
[waild] ワーイゥド
- □ 形 野生の
  wild animals （野生動物）

necessary 3級
[nésəseri] ネセセリ
- □ 形 必要な
  The internet is necessary in our lives.
  （インターネットは私たちの生活に不可欠です。）

valuable 準2級
[væljuəbl] ヴァリュアブ
- □ 形 価値のある
  valuable experience （貴重な体験）

round 準2級
[raund] ラーウンド
- □ 形 丸い
- □ 副 all year round で 1 年中という意味です。

colorful 準2級
[kʌ́lərfəl] カラフォゥ
□ 形 <u>色彩豊かな，カラフルな</u>

loud 3級
[laud] ラーウド
□ 形 <u>（声などが）大きい</u>
in a loud voice （大声で）

magic 準2級
[mǽdʒik] メァヂク
□ 形 <u>魔法の</u> 名 <u>魔法</u>

public 3級
[pʌ́blik] パブリク
□ 形 <u>公共の</u>
a public library （公立図書館）

medium 4級
[míːdiəm] ミーディアム
□ 形 <u>中間の，Mサイズの</u>

possible 3級
[pásəbl] パースィボゥ
□ 形 <u>可能な</u>

impossible 準2級
[impásəbl] インパースィボゥ
□ 形 <u>不可能な</u>
That's impossible! （それは無理ですよ！）

peaceful 3級
[píːsfəl] ピースフォゥ
□ 形 <u>平和な</u>

professional 4級
[prəféʃənəl] プロフェショナゥ
□ 形 <u>プロの，専門的な</u>

blind 3級
[blaind] ブラーインド

□ 形 目の見えない

equal の発音とアクセントに注意。

equal 準2級
[íːkwəl] イークゥウォゥ

□ 形 等しい, 平等な

nearby 準2級
[níərbai] ニアバイ

□ 形 すぐ近くの

worldwide
[wəːrldwáid] ワ〜ゥドワイド 準2級

□ 形 世界中の
□ 副 世界中に

narrow 3級
[nǽrou] ネァロウ

□ 形 (幅が)せまい

huge 準2級
[hjuːdʒ] ヒューヂ

□ 形 とても大きな

a huge country (巨大な国)

positive 2級
[pázətiv] パーズィティヴ

□ 形 肯定的な, 積極的な

negative 準2級
[négətiv] ネガティヴ

□ 形 否定的な

strict 準2級
[strikt] ストリクト

□ 形 厳しい

powerful 準2級
[páuərfəl] パウアフゥ

□ 形 強力な

tasty 準2級
[téisti] テイスティ

□ 形 おいしい

---

latest 2級
[léitist] レイテイスト

□ 形 最新の
the latest news (最新のニュース)

---

metal 2級
[métl] メトゥ

□ 形 金属の

---

ancient 準2級
[éinʃənt] エインシェント

□ 形 古代の
ancient Rome (古代ローマ)

---

illegal 2級
[ilíːgəl] イリーガゥ

□ 形 違法の
illegal drugs (違法薬物)

---

successful 準2級
[səksésfəl] サクセスフウ

□ 形 成功した
a successful writer (成功した作家)

---

comfortable 準2級
[kʌ́mfərtəbl] カンフタボゥ

□ 形 ここちのよい
a comfortable sofa (ここちよいソファー)

---

eco-friendly 2級
[iːkoufréndli] イーコウフレンドリィ

□ 形 環境に優しい
an eco-friendly product
(環境に優しい製品)

---

endangered 2級
[indéindʒərd] インデインヂャド

□ 形 絶滅の危機にある
endangered species (絶滅危惧種)

中2〜入試レベルの形容詞

確認テスト

解答・解説のページはありません。
それぞれの単語を学習したページにもどって，答えを確認しましょう。

4級

☐ とてもおいしい ＿＿＿＿＿＿＿＿　☐ 完全な ＿＿＿＿＿＿＿＿

☐ プロの,専門的な ＿＿＿＿＿＿＿＿

☐ 道に迷う　get ＿＿＿＿＿＿＿＿

☐ 私はそれを見て本当に驚きました。

I was really ＿＿＿＿＿＿＿＿ to see that.

☐ 私はその試合を見てわくわくしました。

I was ＿＿＿＿＿＿＿＿ to see the game.

3級

☐ より悪い ＿＿＿＿＿＿＿＿　☐ もっとも悪い ＿＿＿＿＿＿＿＿

☐ 共通の ＿＿＿＿＿＿＿＿　☐ 本当の(本物の) ＿＿＿＿＿＿＿＿

☐ 本当の(真実の) ＿＿＿＿＿＿＿＿　☐ 秘密の ＿＿＿＿＿＿＿＿

☐ おびえた ＿＿＿＿＿＿＿＿　☐ 新鮮な ＿＿＿＿＿＿＿＿

☐ りこうな ＿＿＿＿＿＿＿＿　☐ 野生の ＿＿＿＿＿＿＿＿

☐ 必要な ＿＿＿＿＿＿＿＿　☐ 公共の ＿＿＿＿＿＿＿＿

☐ 私は推理小説に興味があります。

I'm ＿＿＿＿＿＿＿＿ in detective stories.

☐ あなたはすぐに泳げるようになるでしょう。

You'll be ＿＿＿＿＿＿＿＿ to swim soon.

☐ 全世界　the ＿＿＿＿＿＿＿＿ world

準2級

☐ もっとも少ない ＿＿＿＿＿＿＿＿　☐ 年配の ＿＿＿＿＿＿＿＿

☐ 退屈した ＿＿＿＿＿＿＿＿　☐ 公平な ＿＿＿＿＿＿＿＿

2級

☐ 私は彼の話に感銘を受けました。　I was ＿＿＿＿＿＿＿＿ by his story.

36 中2〜入試レベルの動詞②

seem 準2級
[síːm] スィーム

- 動 〜のように思える
- 「〜のように見える」の look と同じように，あとに 形容詞がきます。

She seemed happy.

(彼女は幸せそうに思えました。)

---

encourage 準2級
[inkə́ːridʒ] インカ〜リヂ

> 「勇気」という意味の名詞 courage に en をつけて動詞にしたのが encourage です。

- 動 勇気づける

His words encouraged me.

(彼の言葉が私を勇気づけてくれました。)

---

realize 準2級
[ríːəlaiz] リーアライズ

- 動 さとる

I realized it was very important.

(私はそれがとても大切なのだと気づきました。)

- 実現するという意味もあります。

realize my dream

(私の夢を実現する)

---

respect 準2級
[rispékt] リスペクト

- 動 尊敬する

respect each other (おたがいを尊敬する)

---

depend 準2級
[dipénd] ディペンド

- 動 頼る
- depend on 〜で〜に頼るという意味です。

He depends on his parents.

(彼は彼の両親に頼っています。)

---

order
[ɔ́ːrdər] オーダァ 4級

- 動 注文する
- 名 注文

May I take your order?

(ご注文をうかがってもよろしいですか。)

- 命令する，命令という意味もあります。

---

serve
[sə́ːrv] サ〜ヴ 3級

- 動 給仕する

Coffee is served after the meal.

(お食事後にコーヒーをお出しします。)

---

produce
[prədjúːs] プロデュース 準2級

- 動 生産する

produce energy (エネルギーを生産する)

---

cover
[kʌ́vər] カヴァァ 3級

- 動 おおう
- be covered with ～で～でおおわれるという意味。

The car was covered with snow.

(車は雪でおおわれていました。)

---

increase 準2級
[動 inkríːs] インクリース
[名 ínkriːs] インクリース

- 動 増える
- 名 増加

---

decrease 準2級
[動 dikríːs] ディクリース
[名 díːkriːs] ディークリース

- 動 減る
- 名 減少

---

reduce 準2級
[ridjúːs] リデュース

- 動 減らす

reduce waste (むだ(ごみ)を減らす)

recycle 3級

[ri:sáikl] リーサイクゥ

英語の recycle は動詞です。名詞としての「リサイクル（リサイクルすること）」は recycling と言います。

- □ 動 リサイクルする
  recycle paper (紙をリサイクルする)

prepare 準2級

[pripéər] プリペアァ

- □ 動 準備する
- □ prepare for 〜で**〜の準備をする**という意味。
  prepare for a trip (旅行の準備をする)

add 3級

[æd] エァド

- □ 動 加える
  add some sugar to the coffee
  (コーヒーに砂糖を加える)
- □ **つけ加えて言う**という意味もあります。
  "But I need it," he added.
  (「でもそれが，必要なんだ」と彼はつけ加えました。)

fix 3級

[fiks] フィクス

- □ 動 直す
  fix broken things (こわれたものを直す)
- □ **固定する**という意味もあります。
  fix a shelf to the wall (壁に棚を固定する)

repair 準2級

[ripéər] リペアァ

- □ 動 修理する
  repair a car (自動車を修理する)

cost 3級

[kɔːst] コースト

- □ 動 (費用が) かかる
- □ 過去形は **cost** (原形と同じ形)
  This machine costs only 100 dollars.
  (この機械はたったの 100 ドルです。)
- □ 名 費用

suffer 準2級
[sʌ́fər] サファァ

- 動 苦しむ
- suffer from ～で～に苦しむという意味です。

suffer from hunger (飢えに苦しむ)

---

discover 準2級
[diskʌ́vər] ディスカヴァァ

- 動 発見する

This island was discovered in 1930.

(この島は 1930 年に発見されました。)

---

fill 3級
[fil] フィッ

- 動 満たす

fill a glass with water

(コップを水で満たす)

---

fight 3級
[fait] ファーイト

- 動 戦う
- 過去形は **fought** (発音は [fɔːt] フォート)
- 名 戦い, けんか

---

continue 3級
[kəntínjuː] コンティニュー

- 動 続ける

**continue running
= continue to run**

(走り続ける)

---

waste 3級
[weist] ウエイスト

- 動 むだに使う

Don't waste your time. (時間をむだにするな。)

- 名 むだ, 廃棄物

---

cause 準2級
[kɔːz] コーズ

□ 動 **引き起こす**

cause an accident (事故を起こす)

It caused many problems.

(それはたくさんの問題を引き起こしました。)

□ 名 **原因**という意味もあります。

the cause of death (死因)

---

relax 3級
[rilǽks] リレァクス

□ 動 **くつろがせる**

□ feel relaxed で**くつろぐ，くつろいだ気分になる**という意味。

---

count 2級
[kaunt] カーウント

□ 動 **数える**

---

fail 準2級
[feil] フェイゥ

□ 動 **失敗する**

「成功する」は succeed と言います。

---

solve 準2級
[salv] サーゥヴ

□ 動 **解く**

solve a problem

(問題を解く)

---

bake 4級
[beik] ベイゥ

□ 動 **(オーブンで) 焼く**

---

burn 準2級
[bəːrn] バ〜ン

□ 動 **燃やす**

□ 名 **やけど**

---

bury 2級
[béri] ベリィ

- 動 **埋める**

Landmines are buried here.

(ここに地雷が埋められています。)

bury の発音には注意。

---

copy 4級
[kápi] カーピ

- 動 **写す，コピーする**
- 名 （本などの）**部**

---

perform 3級
[pərfɔ́ːrm] パフォーム

- 動 **上演する，演奏する**

---

remove 準2級
[rimúːv] リムーヴ

- 動 **取り去る**

remove landmines

(地雷を除去する)

---

set 準2級
[set] セット

- 動 **置く**
- 過去形も **set**（原形と同じ形）です。
- （太陽が）**沈む**という意味もあります。

The sun sets in the west.

(太陽は西に沈みます。)

- 名 **一組，セット**

---

arrest 準2級
[ərést] アレスト

- 動 **逮捕する**
- 名 **逮捕**
- be under arrest で**逮捕されている**という意味です。

You're under arrest.

(あなたを逮捕します。)

---

ring 3級
[riŋ] リンッ

- □ 動 （電話などが）鳴る
- □ 過去形は rang （発音は [ræŋ] レァンッ）
- □ 名 指輪，輪という意味もあります。

act 3級
[ækt] エァクト

- □ 動 行動する

shock 3級
[ʃɑk] シャーク

- □ 動 ショックを与える
  I was shocked. （私はショックを受けました。）
- □ 名 衝撃，ショック

shake 3級
[ʃeik] シェイク

- □ 動 振る
- □ shake hands で握手すると
  いう意味です。

refuse 2級
[rifjúːz] リフューズ

- □ 動 断る

improve 準2級
[imprúːv] インプルーヴ

- □ 動 改善する
  improve my English
  （私の英語を上達させる）

include 準2級
[inklúːd] インクルード

- □ 動 含む
  Does this price include tax?
  （この価格には税金が含まれていますか。）

develop 準2級
[divéləp] ディヴェラプ

- 動 <u>発展させる, 発展する</u>

developing countries (発展途上国)

create 準2級
[kriéit] クリエイト

- 動 <u>創造する</u>

destroy 準2級
[distrɔ́i] ディストロイ

- 動 <u>破壊する</u>

accept 準2級
[əksépt] アクセプト

- 動 <u>受け入れる</u>

apply 準2級
[əplái] アプライ

- 動 <u>申し込む, 適用する</u>

apply for the job (仕事に応募する)

bother 準2級
[báðər] バーザァ

- 動 <u>困らせる</u>

Don't bother me. (私のじゃまをしないで。)

injure 準2級
[índʒər] インヂャア

- 動 <u>傷つける</u>

get injured (けがをする)

weigh 準2級
[wei] ウェイ

- 動 <u>重さを量る</u>

gh は発音しません。

focus 2級
[fóukəs] フォウカス

- 動 <u>焦点を合わせる</u>
- 名 <u>焦点</u>

294

excuse 5級

[ikskjúːz] イクス**キュー**ズ

□ 動 許す

> Excuse me. は「すみません。」という意味です。

Please excuse us for being late.

(遅刻したことについて，私たちをお許しください。)

---

slide 2級

[slaid] スライド

□ 動 すべる

> 「すべり台」という意味もあります。

---

rescue 準2級

[réskjuː] レスキュー

□ 動 救助する

---

release 2級

[rilíːs] リリース

□ 動 解放する

□ 名 解放

---

handle 準2級

[hǽndl] ヘァンドゥ

□ 動 処理する

handle with care (注意して取り扱う)

---

earn 準2級

[əːrn] ア〜ン

□ 動 かせぐ

earn a lot of money (大金をかせぐ)

---

establish 準2級

[istǽbliʃ] イス**テァ**ブリシュ

□ 動 設立する

establish a school (学校を設立する)

---

pursue 2級

[pərsjúː] パスュー

□ 動 追い求める

---

feed 2級

[fiːd] フィード

□ 動 食べ物を与える

feed a dog (犬にえさをやる)

確認テスト

解答・解説のページはありません。
それぞれの単語を学習したページにもどって，答えを確認しましょう。

4級

☐ 注文する ＿＿＿＿＿＿＿ ☐ (オーブンで)焼く ＿＿＿＿＿＿＿

☐ 注文をうかがってもよろしいですか。 May I take your ＿＿＿＿＿＿＿ ?

3級

☐ リサイクルする ＿＿＿＿＿＿＿ ☐ 加える ＿＿＿＿＿＿＿

☐ 戦う ＿＿＿＿＿＿＿ ☐ 続ける ＿＿＿＿＿＿＿

☐ むだに使う,むだ ＿＿＿＿＿＿＿ ☐ くつろがせる ＿＿＿＿＿＿＿

☐ 上演する ＿＿＿＿＿＿＿ ☐ 行動する ＿＿＿＿＿＿＿

☐ ショックを与える ＿＿＿＿＿＿＿ ☐ 振る ＿＿＿＿＿＿＿

☐ ～でおおわれている be ＿＿＿＿＿＿＿ with ～

☐ コップを水で満たす ＿＿＿＿＿＿＿ a glass with water

☐ くつろいだ気分になる feel ＿＿＿＿＿＿＿

☐ 握手する ＿＿＿＿＿＿＿ hands

準2級

☐ 勇気づける ＿＿＿＿＿＿＿ ☐ さとる,実現する ＿＿＿＿＿＿＿

☐ 頼る ＿＿＿＿＿＿＿ ☐ 生産する ＿＿＿＿＿＿＿

☐ 減らす ＿＿＿＿＿＿＿ ☐ 準備する ＿＿＿＿＿＿＿

☐ 苦しむ ＿＿＿＿＿＿＿ ☐ 発見する ＿＿＿＿＿＿＿

☐ 引き起こす ＿＿＿＿＿＿＿ ☐ 失敗する ＿＿＿＿＿＿＿

☐ 解く ＿＿＿＿＿＿＿ ☐ 燃やす，やけど ＿＿＿＿＿＿＿

☐ 取り去る ＿＿＿＿＿＿＿ ☐ (太陽が)沈む ＿＿＿＿＿＿＿

☐ 逮捕する ＿＿＿＿＿＿＿ ☐ 改善する ＿＿＿＿＿＿＿

☐ 彼女は幸せそうに思えました。 She ＿＿＿＿＿＿＿ happy.

37 中2〜入試レベルの名詞④

society 準2級　□ 名 社会
[səsáiəti] ソサーイエティ

population 準2級　□ 名 人口
[pɑpjuléiʃən] パーピュレイション

community 3級　□ 名 地域社会
[kəmjúːnəti] コミューニティ

communication　□ 名 コミュニケーション
[kəmjuːnəkéiʃən] コミューニケイション　準2級

government 2級　□ 名 政府
[gʌ́vərnmənt] ガヴァメント

education 2級　□ 名 教育
[edʒukéiʃən] エデュケイション

service 準2級　□ 名 サービス
[sə́ːrvis] サ〜ヴィス

energy 2級　□ 名 エネルギー
[énərdʒi] エナヂィ

発音とアクセントに注意。最初の e を強く読みます。

save energy
（エネルギーを節約する）

297

machine 3級
[məʃíːn] マシーン
□ 名 <u>機械</u>
a game machine (ゲーム機)

electricity 2級
[ilektrísəti] イレクトリスィティ
□ 名 <u>電気</u>

power 3級
[páuər] パーウァァ
□ 名 <u>力</u>
solar power (太陽エネルギー)

product 準2級
[prádəkt] プラーダクト
□ 名 <u>製品</u>

invention 準2級
[invénʃən] インヴェンション
□ 名 <u>発明</u>

discovery 準2級
[diskʌ́vəri] ディスカヴァリィ
□ 名 <u>発見</u>

inspiration 2級
[inspəréiʃən] インスピレイション
□ 名 <u>インスピレーション</u>

「ひらめき，すばらしい思いつき」の
ような意味。

a poet's inspiration (詩人のインスピレーション)

research 準2級
[ríːsəːrtʃ] リーサ〜チ
□ 名 <u>調査，研究</u>

survey 2級
[sə́ːrvei] サ〜ヴェイ
□ 名 <u>調査，概観</u>

technology 準2級 □ 名 <u>科学技術</u>
[teknάlədʒi] テクナーラヂィ

chemical 準2級 □ 名 <u>化学物質</u>
[kémikəl] ケミカゥ
chemicals in products (製品にふくまれる化学物質)

knowledge 準2級 □ 名 <u>知識</u>
[nάlidʒ] ナーリヂ

wisdom 2級 □ 名 <u>知恵</u>
[wízdəm] ウィズダム

influence 準2級 □ 名 <u>影響</u>
[ínfluəns] インフルエンス

influence のアクセントに注意。最初の i を強く読みます。

importance 2級 □ 名 <u>重要性</u>
[impɔ́ːrtəns] インポータンス

choice 準2級 □ 名 <u>選択</u>
[tʃɔis] チョーイス

symbol 3級 □ 名 <u>象徴</u>
[símbəl] スィンボゥ

wheelchair 3級 □ 名 <u>車いす</u>
[hwíːltʃeər] ⁽ʰ⁾ウィーゥチェアァ

style 3級
[stail] スターイゥ

□ 名 様式, スタイル

---

housework 準2級
[háuswəːrk] ハウスワ〜ク

□ 名 家事
do housework (家事をする)

---

rest 3級
[rest] レスト

□ 名 休息
take a rest / have a rest (休息をとる)
□ 動 休けいする

---

action 3級
[ǽkʃən] エァクション

□ 名 行動

---

period 2級
[píəriəd] ピリアド

□ 名 ピリオド (.)
□ 時代, 期間という意味もあります。
the Edo period (江戸時代)

---

term 2級
[təːrm] タ〜ム

□ 名 学期, 期間
the first term (1学期)

---

type 3級
[taip] タ〜イプ

□ 名 型, タイプ
□ 動 (パソコンに文字を) 打ち込む

---

variety 2級
[vəráiəti] ヴァライエティ

□ 名 多種多様
□ a variety of 〜でさまざまな〜という意味。

list 3級
[list] リスト

□ 名 <u>リスト</u>

step 3級
[step] ステップ

□ 名 <u>歩み</u>
the first step （第1歩）

skill 2級
[skil] スキる

□ 名 <u>技能</u>

noise 3級
[nɔiz] ノーイズ

□ 名 <u>物音, 騒音</u>
make a noise （物音をたてる）

price 3級
[prais] プライス

□ 名 <u>値段</u>

god 2級
[gɑd] ガード

□ 名 <u>神</u>

goal 4級
[goul] ゴウる

□ 名 <u>ゴール, 目標</u>

result 準2級
[rizʌ́lt] リザっト

□ 名 <u>結果</u>

treasure 2級
[tréʒər] トレジャァ

□ 名 <u>宝物</u>

中2〜入試レベルの名詞④

reservation 準2級
[rèzərvéiʃən] レザ**ヴェ**イシェン
□ 名 予約
make a reservation (予約する)

bomb 2級
[bɑm] バーム
□ 名 爆弾
an atomic bomb (原子爆弾)

> 最後のbは発音しません。

experience 3級
[ikspíəriəns] エクスピアリエンス
□ 名 経験 動 経験する
learn a lot from the experience
(その経験からたくさんのことを学ぶ)

discussion 3級
[diskʌ́ʃən] ディス**カ**シェン
□ 名 議論

debate 2級
[dibéit] ディベイト
□ 名 討論

topic 準2級
[tɑ́pik] **タ**ーピク
□ 名 話題

issue 2級
[íʃuː] **イ**シュー
□ 名 発行 (物), 問題 (点)

sense 2級
[sens] **セ**ンス
□ 名 感覚, センス
a sense of humor (ユーモアのセンス)

302

character 準2級
[kǽrəktər] キャラクタァ

- 名 **性格, 登場人物**

---

feature 2級
[fíːtʃər] フィーチャァ

- 名 **特徴, 特色**
- 動 **特集する**

---

luck 4級
[lʌk] ラック

- 名 **運**
- Good luck. は**幸運を祈ります, がんばって**という意味。

---

death 準2級
[deθ] デス

- 名 **死**

---

design 3級
[dizáin] ディザーイン

- 名 **デザイン, 設計**

---

heat 準2級
[hiːt] ヒート

- 名 **熱**
- 動 **温める**

---

pleasure 3級
[pléʒər] プレジャァ

- 名 **楽しみ**
- It's my pleasure. または My pleasure. は, Thank you. に対して**どういたしまして**と応じるときの言い方。

---

effort 準2級
[éfərt] エファト

- 名 **努力**

  make an effort (努力する)

303

attention 4級
[əténʃən] アテンシェン

□ 名 注意
□ pay attention to 〜は〜に注意を払うという意味。
□ Attention, please. はアナウンスをするときの最初の言葉で, みなさんちょっとお聞きください, お知らせいたしますという意味。

> Attention, please. は May I have your attention, please? を略した言い方です。

figure 3級
[fígjər] フィギュァ

□ 名 図
  See Figure 1 below.
  （下の図1を見てください。）

record 準2級
[rékərd] レカード

□ 名 記録
□ 動 記録する （発音は [rikɔ́rd] リコード）

race 3級
[reis] レイス

□ 名 競走
□ 人種という意味もあります。

championship 準2級
[tʃǽmpiənʃip] チェアンピオンシプ

□ 名 選手権（大会）

stage 3級
[steidʒ] ステイヂ

□ 名 舞台
□ on the stage で舞台の上でという意味。

performance 3級
[pərfɔ́:rməns] パフォーマンス

□ 名 演技, 演奏

exhibition 準2級
[eksəbíʃən] エクスィ**ビ**ション
- □ 名 展覧会

chopsticks 4級
[tʃápstiks] **チャ**ープステイクス
- □ 名 (食事用の)はし
  -  (1 ぜんのはし)

brush 5級
[brʌʃ] ブ**ラ**シュ
- □ 名 ブラシ, 筆
- □ 動 ブラシでみがくという意味もあります。
- □ brush my teeth で歯をみがくという意味。

fireworks 3級
[fáiərwəːrks] **ファ**ーイアワ〜クス
- □ 名 花火 (複数形)

cancer 準2級
[kænsər] **キャ**ンサァ
- □ 名 (病気の)がん

resource 2級
[ríːsɔːrs] **リ**ーソース
- □ 名 資源
  -  (天然資源)

relationship 準2級
[riléiʃənʃip] リ**レ**イシャンシッブ
- □ 名 関係

progress 準2級
[名 prágres] ブ**ラ**ーグレス
[動 prəgrés] ブラグ**レ**ス
- □ 名 進歩
- □ 動 進歩する

確認テスト

解答・解説のページはありません。
それぞれの単語を学習したページにもどって，答えを確認しましょう。

3級

☐ 地域社会 _____ ☐ 機械 _____

☐ 力 _____ ☐ 象徴 _____

☐ 車いす _____ ☐ 値段 _____

☐ 休息をとる take a _____

☐ その経験からたくさんのことを学ぶ

learn a lot from the _____

☐ どういたしまして。 It's my _____.

準2級

☐ 人口 _____ ☐ エネルギー _____

☐ 製品 _____ ☐ 科学技術 _____

☐ 知識 _____ ☐ 影響 _____

☐ 家事をする do _____

☐ 予約する make a _____

2級

☐ 政府 _____ ☐ 教育 _____

☐ 重要性 _____ ☐ 技能 _____

☐ 宝物 _____ ☐ 特徴，特色 _____

☐ 江戸時代 the Edo _____

☐ 1学期 the first _____

☐ 天然資源 natural _____

語形変化一覧表

■ 名詞の複数形

❶ s をつける （ふつうの語）

book（本）	— books	girl（女の子）	— girls

❷ es をつける （s, x, ch, sh で終わる語）

bus（バス）	— buses	box（箱）	— boxes
class（授業）	— classes	dish（皿）	— dishes
watch（腕時計）	— watches		

※ o で終わる語は，s だけをつけるものと，es をつけるものがあります。

piano（ピアノ）	— pianos	photo（写真）	— photos
potato（じゃがいも）	— potatoes	tomato（トマト）	— tomatoes

❸ y を ie にかえて s （〈a, i, u, e, o 以外の文字(子音字) ＋ y〉で終わる語）

city（都市）	— cities	dictionary（辞書）	— dictionaries
story（物語）	— stories	country（国）	— countries
family（家族）	— families	baby（赤ちゃん）	— babies

※ ay, oy のように〈母音字 ＋ y〉で終わる語には，そのまま s だけをつけます。

day（日）	— days	boy（男の子）	— boys

❹ f, fe を v にかえて es （f, fe で終わる語）

leaf（葉）— leaves	life（生活）— lives	wife（妻）— wives

❺ 不規則変化

man（男性）	— men	woman（女性）	— women
child（子ども）	— children	foot（足，フィート）	— feet
tooth（歯）	— teeth		

■ 動詞の3人称単数現在形（3単現）

❶ s をつける（ふつうの語）

come（来る）　　　－ comes　　　know（知っている）－ knows

❷ es をつける（o, s, x, ch, sh で終わる語）

go（行く）　　　　－ goes　　　　do（する）　　　　－ does
pass（手渡す）　　－ passes　　　teach（教える）　－ teaches
watch（じっと見る）－ watches　　wash（洗う）　　　－ washes

❸ y を ie にかえて s（〈a, i, u, e, o 以外の文字（子音字）＋ y〉で終わる語）

study（勉強する）　－ studies　　　try（やってみる）　－ tries
carry（運ぶ）　　　－ carries　　　fly（飛ぶ）　　　　－ flies

※ ay, oy のように〈母音字＋ y〉で終わる語には，そのまま s だけをつけます。

play（〈スポーツなどを〉する）－ plays　　enjoy（楽しむ）　　　　－ enjoys

■ 動詞の -ing 形

❶ ing をつける（ふつうの語）

walk（歩く）　　　－ walking　　　go（行く）　　　　－ going

❷ e をとって ing をつける（発音されない e で終わる語）

come（来る）　　　－ coming　　　make（作る）　　　－ making
use（使う）　　　　－ using　　　　write（書く）　　　－ writing
take（取る）　　　　－ taking　　　have（食べる）　　－ having

❸ 最後の1字を重ねて ing（〈子音字＋アクセントのある母音字＋子音字〉で終わる語）

run（走る）　　　　－ running　　　swim（泳ぐ）　　　－ swimming
get（手に入れる）　－ getting　　　stop（止まる）　　－ stopping
sit（すわる）　　　　－ sitting　　　begin（始める）　－ beginning

❹ ie を y にかえて ing（ie で終わる語）

die（死ぬ）　　　　－ dying　　　　lie（うそをつく）　－ lying

■ 形容詞・副詞の比較級・最上級

❶ er, est をつける （ふつうの語）

tall （〈背が〉高い）－taller－tallest　　old （古い）－older－oldest

❷ r, st をつける （e で終わる語）

large （大きい）－larger－largest　　late （遅れた）－later－latest

❸ y を i にかえて er, est （〈a, i, u, e, o 以外の文字＋ y〉で終わる語）

easy （簡単な）－easier－easiest　　busy （忙しい）－busier－busiest

early （早く）－earlier－earliest　　happy （幸せな）－happier－happiest

❹ 最後の 1 字を重ねて er, est （〈子音字＋アクセントのある母音字＋子音字〉で終わる語）

big （大きい）－bigger－biggest　　hot （暑い，熱い）－hotter－hottest

❺ 前に more, most （2 音節以上の語の大部分）

beautiful （美しい）	－more beautiful	－most beautiful
careful （注意深い）	－more careful	－most careful
difficult （難しい）	－more difficult	－most difficult
exciting （わくわくさせる）	－more exciting	－most exciting
expensive （高価な）	－more expensive	－most expensive
famous （有名な）	－more famous	－most famous
important （重要な）	－more important	－most important
interesting （おもしろい）	－more interesting	－most interesting
popular （人気のある）	－more popular	－most popular

❻ 不規則変化

good （よい），well （よく）	－better	－best
bad （悪い）	－worse	－worst
many （多数の），much （多量の）	－more	－most

■ 規則動詞の過去形・過去分詞

① ed をつける（ふつうの語）

help（手伝う） ― help<u>ed</u>　　look（〜に見える） ― look<u>ed</u>

② d だけをつける（発音されない e で終わる語）

like（好きだ） ― like<u>d</u>　　use（使う） ― use<u>d</u>

live（住む） ― live<u>d</u>　　move（動かす） ― move<u>d</u>

arrive（到着する） ― arrive<u>d</u>　　close（閉じる） ― close<u>d</u>

③ y を i にかえて ed（〈a, i, u, e, o 以外の文字（子音字）＋ y〉で終わる語）

study（勉強する） ― stud<u>ied</u>　　try（やってみる） ― tr<u>ied</u>

carry（運ぶ） ― carr<u>ied</u>　　worry（心配する） ― worr<u>ied</u>

※〈母音字＋ y〉で終わる語の場合にはそのまま ed をつける。〈例〉play（スポーツなどを）する） → played

④ 最後の 1 字を重ねて ed（〈子音字＋アクセントのある母音字＋子音字〉で終わる語）

stop（止まる） ― stop<u>ped</u>　　plan（計画する） ― plan<u>ned</u>

■ 不規則動詞の過去形・過去分詞

① ABC 型（原形・過去形・過去分詞がすべて異なる形）

be（〜である） ―was, were― been　　begin（始める） ―began― begun

break（壊す） ―broke ―broken　　do（する） ―did ―done

draw（描く） ―drew ―drawn　　drink（飲む） ―drank ―drunk

drive（運転する） ―drove ―driven　　eat（食べる） ―ate ―eaten

fall（落ちる） ―fell ―fallen　　fly（飛ぶ） ―flew ―flown

forget（忘れる） ―forgot―forgotten*　　get（手に入れる） ―got ―gotten*

give（与える） ―gave ―given　　go（行く） ―went ―gone

grow（育てる） ―grew ―grown　　know（知っている） ―knew ―known

ride（乗る） ―rode ―ridden　　see（見える） ―saw ―seen

show（見せる） ―showed ―shown*　　sing（歌う） ―sang ―sung

speak（話す） ―spoke ―spoken　　swim（泳ぐ） ―swam ―swum

take（取る） ―took ―taken　　write（書く） ―wrote ―written

* forget ― forgot ― forgot，get ― got ― got，show ― showed ― showed という変化もある。

❷ ABA 型 (原形と過去分詞が同じ形)

become (〜になる) ー became ー become   come (来る) ー came ー come
run (走る)   ー ran   ー run

❸ ABB 型 (過去形と過去分詞が同じ形)

bring(持ってくる)ー brought ー brought			build (建てる) ー built ー built		
buy (買う) ー bought ー bought			catch(つかまえる)ー caught ー caught		
feel (感じる) ー felt ー felt			find (見つける) ー found ー found		
have(持っている)ー had ー had			hear (聞こえる) ー heard ー heard		
keep (保つ) ー kept ー kept			leave (去る) ー left ー left		
lend (貸す) ー lent ー lent			lose (失う) ー lost ー lost		
make (作る) ー made ー made			mean(意味する)ー meant ー meant		
meet (会う) ー met ー met			read (読む) ー read* ー read*		
say (言う) ー said ー said			sell (売る) ー sold ー sold		
send (送る) ー sent ー sent			sit (すわる) ー sat ー sat		
sleep (眠る) ー slept ー slept			spend (過ごす) ー spent ー spent		
stand (立つ) ー stood ー stood			teach (教える) ー taught ー taught		
tell (伝える) ー told ー told			think (思う) ー thought ー thought		
understand (理解する) ー understood ー understood					

* read は，つづりは同じで発音だけが変化する。過去形・過去分詞の発音は [red]。

❹ AAA 型 (原形・過去形・過去分詞が同じ形)

cut (切る)   ー cut   ー cut   let (〜させる) ー let   ー let
put (置く)   ー put   ー put   set (置く)   ー set   ー set

ミニ英和辞典 (さくいん)

A

- 数字は掲載ページです。本書に掲載されている単語の意味をすばやく確認したいときに活用してください。チェックリストとしても活用できます。
- 細字の単語（掲載ページが載っていない単語）は，本文では扱っていません。このミニ英和辞典のみに掲載されています。

A
B

316

F
G

G
H

H
I

L
M

M
N

N
O
P

P

P
Q
R

328

S

S

S
T

U

T
U

監修 山田暢彦

NOBU English 主宰。アメリカ出身の日英バイリンガルとして，英語を習い始めた小学生からビジネスパーソン，英語講師，アクティブシニアまで，幅広い受講者に「世界に通用する英語」を指導。学校英語と実用英会話の融合を目指す独自の指導は，教育界・出版界からも高い評価を得ており，これまでベストセラーを含む 30 冊以上の書籍を手がける。また，近年はオンライン英語教室の先駆者の一人として，映像授業やオンラインサロン，SNS の運営にも力を入れている。「一人でも多くの人に，英語のある人生を楽しんでほしい。」を信条に日々活動している。TOEIC® 連続満点，国連英検特 A 級，英検® 1 級。www.nobuyamada.com

中学英単語をひとつひとつわかりやすく。改訂版

監修
山田暢彦

英文校閲
Joseph Tabolt, Edwin. L. Carty

編集協力
株式会社エデュデザイン
小縣宏行，甲野藤文宏，佐藤美穂，村西厚子，渡辺泰葉

イラスト
坂木浩子

ブックデザイン
山口秀昭(Studio Flavor)

DTP
株式会社センターメディア

録音
(財)英語教育協議会(ELEC)

ナレーション
Karen Haedrich, Dominic Allen

この本は下記のように環境に配慮して製作しました。
・製版フィルムを使用しない CTP 方式で印刷しました。
・環境に配慮して作られた紙を使っています。